PLAUFL PUBLICATION FUND 解放军外国语学院出版基金

俄罗斯战略防御思想史略

A Brief History of the Thought of Strategic Defense in Russia

牛立伟·著

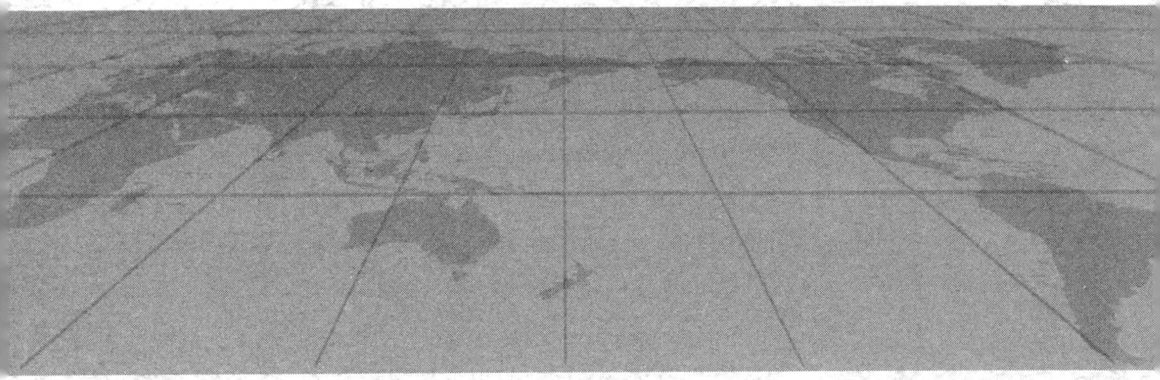

时事出版社

图书在版编目（CIP）数据

俄罗斯战略防御思想史略/牛立伟著. —北京：时事出版社，2017. 1
ISBN 978-7-5195-0055-9

Ⅰ. ①俄… Ⅱ. ①牛… Ⅲ. ①战略防御—军事思想史—俄罗斯
Ⅳ. ①E512. 9

中国版本图书馆 CIP 数据核字（2016）第 288870 号

出 版 发 行：时事出版社
地　　　址：北京市海淀区万寿寺甲 2 号
邮　　　编：100081
发 行 热 线：（010）88547590　88547591
读者服务部：（010）88547595
传　　　真：（010）88547592
电 子 邮 箱：shishichubanshe@ sina. com
网　　　址：www. shishishe. com
印　　　刷：北京市昌平百善印刷厂

开本：787 × 1092　1/16　印张：14. 25　字数：200 千字
2017 年 1 月第 1 版　2017 年 1 月第 1 次印刷
定价：68. 00 元
（如有印装质量问题，请与本社发行部联系调换）

目　　录

第二部分　苏联时期战略防御思想发展的曲折与反复

第三部分　俄联邦时期战略防御思想的继承与发展

第四部分　总结与思考

前　言

俄罗斯民族史是一部军事色彩颇为浓厚的历史，丰富的战争实践造就了俄罗斯众多星光璀璨的世界级军事将帅，同时为军事科学研究提供了肥沃的土壤。俄罗斯民族是一个热爱思考、善于总结与创新的民族，历经战火洗礼的俄罗斯军事思想家们在整个世界军事学术的发展过程中发挥了重要作用，无论是对军事理论的创新，还是对新事物的接受与理解，他们丝毫不逊色于同时代其他国家的军事思想家，始终走在世界军事理论研究与实践创新的最前沿：

18 世纪，俄国彼得大帝率先摒弃当时欧洲盛行的机动战略和警戒线战略，提出了主动寻求交战和坚决进攻的作战思想；

19 世纪末，俄国“战略之父”Г. А. 列耶尔（Генрих Антонович Леер）首次论证了军事学术中的崭新现象——战略性战役；

20 世纪 20 年代，苏联军事界开始将军事艺术划分为战略、战役法和战术三个部分；

20 世纪 30 年代，以 В. К. 特里安达菲洛夫（Владимир Кириакович Триандафиллов）和 М. Н. 图哈切夫斯基（Михаил Николаевич Тухачевский）为代表的军事理论家首次探讨了大纵深战役理论，从而解决了第一次世界大战中的阵地战死胡同问题，并使苏联武装力量于 1932 年建成了世界上最早的机械化军；

目前在世界范围内如火如荼进行的军事革命同样最先兴起于 20 世纪 60 年代苏联的“军事上的革命”（Революция в военном деле）。

它们都是俄罗斯军事学术领域中的伟大遗产，同样进入了世界军事学术的宝库，将永载史册。但俄罗斯民族同样是一个令人捉摸不透的民族，“任何人都无法准确预测其发展进程”，在军事领域，俄罗斯同样有许多值得总结和反思的地方。纵观从1547年沙皇俄国到今天俄联邦的整部军事历史，我们就会察觉俄罗斯军事领域中经常反复出现“轮回现象”（有学者称之为“螺旋现象”），在处理军事与政治、国防与经济、进攻与防御、陆战与海战、大战与小战、自主与结盟、局部与整体、核力量与常规力量等问题上，俄罗斯没有表现出与拥有几百年军事历史沉淀的大国相符的理智与智慧，没有找到正确处理以上几对关系的中间状态和方法，思想的绝对化和极端化始终像魔咒似的困扰着俄罗斯民族，阻碍其军事研究向正确的方向发展，由此引发的教训是深刻而又惨痛的。

一、研究对象

本书的研究对象是俄罗斯军事战略中的攻防问题，重点探讨战略防御思想在俄罗斯军事思想史上的形成、发展及其地位和作用，属于军事思想史的研究范畴。

二、研究目的

任何一项课题的研究都是带着“问题”开始的，本书的撰写思路主要围绕着解决以下几个问题：

（一）俄罗斯战略防御思想是什么？

在现代汉语中，“思想”一词的含义相当丰富。作为名词的“思想”，就其语义来说，由低到高大致可以划分出三个层次：

思想是指人类对某一个乃至某一方面具体问题的态度、看法和观点，相当于意见或主张。

思想是指人对人生、世界的总的看法，相当于世界观或方法论，类似于哲学。

思想是指成体系的理论、学说，是思想家所构造的思想体系，代表着某个时代精神的精华。

对俄罗斯战略防御思想的本质，我们尝试着从以上三个层面分别来解读：俄罗斯的军事家是如何认识和对待战略防御问题？对待战略防御问题有哪些世界观或方法论上的思考？作为一种思想体系，俄罗斯战略防御思想主要包括哪些内容？具有什么样的特点？

（二）历史上俄罗斯战略防御思想是如何发展演变的？

任何思想都不是凭空产生的，都是历史和时代的产物，是思想家们在不同的历史、社会、文化背景下的“有意识的反应”，是随着社会实践的发展变化而不断变化的，俄罗斯战略防御思想同样不例外。在俄罗斯军事历史上，战略防御思想有一个萌发、形成与发展的过程，本书研究目的之一就是对俄罗斯战略防御思想的历史演变轨迹进行全面的考察，从古罗斯时期到如今的俄联邦时期，总结俄罗斯军事历史上战略防御思想发展变化的主要特点及其演变轨迹的特征。

（三）对俄罗斯战略防御思想的历史考察，能够引发我们什么样的思考？

历史研究可以对现实产生指导意义，“读史可以明智，鉴古可以知今”。对历史问题的总结和思考十分重要，本书研究如果仅仅是停留在历史资料的堆砌阶段，那就没有任何价值和意义可言。对俄罗斯战略防御思想的历史考察，能够引发我们什么样的思考？影响和制约俄罗斯战略防御思想的因素是什么？俄罗斯军队在处理战略防御问题时哪些成功的经验是值得我们学习的？哪些惨痛的教训是需要我们引以为戒的？这才是本书研究的最终目的。

三、研究意义

（一）战略防御在军事战略中占有重要的地位和作用，战略防御思想则是军事家对处理战略防御问题的军事艺术的升华

从事任何一项研究，首先要进行“正名”，即概念界定，概念是科学研究的起点，正所谓“名不正，则言不顺，言不顺，则事不成”[①]，我们首先从战略防御的定义入手，明确研究的对象和方向：

1976年版《苏联军事百科全书》（Советская военная энциклопедия）曾这样定义“战略防御”：

“武装力量为抗击敌战略集团的进攻和重创敌人，扼守本国（国家联盟）领土的要害地区，以及为转入战略进攻（反攻）创造条件而采取的军事行动类型。”[②]

苏联时期曾长期研究防御问题的军事理论家B. B. 图尔钦科（В. В. Турченко）是这样定义“战略防御”的：

“国家（国家联盟）武装力量为抗击敌优势兵力的战略进攻所采取的一种行动样式，其实施方法是结合扼守关键的地区和地域，使用各种武器实施突击和军队进行反突击，以消灭敌进攻集团。”[③]

从战略的视角出发，研究进攻与防御的问题具有十分重要的意义：

首先，战略防御属于战略问题，是战争全局上采取的防御，它同战略进攻相对，是战略行动的两个基本类型。战略防御在战争中的地位和作用相当重要，直接关系到攻防形势能否顺利转换、战略任务能否完成和战略目的能否最终实现。对防御一方来说，战略防御问题事关重大，攸关全局，如果战略防御问题处理不得当，可能会引发战略上处于被动甚至战争全局的失利；对进攻一方来说，如果对战略防御问题重视不够或估计不足，可能引起严重的战略失算，导致进攻初期所获得的优势荡然无存，引发全局的被动。

其次，战略防御同时又属于防御问题，即战略规模的防御行动，它不同于一般的战役防御、战术防御，是具有战略性质的，当不能

---

① 钱穆：《论语新解》，北京：生活·读书·新知三联书店，2005年版，第329页。

② 中国人民解放军军事科学院译：《苏联军事百科全书·战争理论卷》，北京：解放军出版社，1986年版，第639页。

③ В. В. Турченко: Тенденция развития теории и практики стратегической обороны, « Военная мысль », 1979, №8, стр. 13 ~ 16.; В. В. Турченко: О стратегической обороне, « Военная мысль », 1982, №7, стр. 16 ~ 19.

进攻或者不宜进攻时，军队被迫或者预有计划地在战争全局（或者某个战略方向）采取大规模的防御行动。

战略防御可以在战争的开始阶段实施，也可以在战争进程中的某个阶段实施，从某种程度上说，战略防御可以作为夺取战争胜利的一个中间阶段（注：战略防御阶段同战争初期有着本质的不同），防御并不是根本目的，只是暂时的退却，防御思想的精髓在于选择适当的时机转入进攻，卡尔·冯·克劳塞维茨（Car Von Clausewitz）就认为，“防御是比进攻强的一种作战形式”①，防御的概念是抵御进攻，防御的特征是等待进攻。因此，战略防御的目的是组织和打破敌人的进攻，保存和积蓄力量，大量消耗敌人，为最终转入战略进攻（反攻）创造条件，其根本任务是挫败敌人的战略进攻，争取有利的时间和空间。

正确处理战略防御问题，更需要较高的军事艺术。战略防御可以分为两种类型：一种是被迫转入的战略防御，它是在已成为敌人优势兵力攻击目标和丧失了进攻能力的情况下被迫组织的防御；一种是预有准备转入的战略防御，它是在已掌握了战争主动权、但不利于或者不适合进攻的情况下而主动组织的战略防御，它通常是在敌方进攻开始之前很早就准备好了的。两者的共同特点都是在不利于或不能进攻的情况下以退为进、以牺牲局部利益（领土、资源、兵力）来夺取战略主动权而采取的策略，它们都是在战略范畴内组织和实施的，因此所涉及的范围、规模以及承担的风险要远远超过一般性的战役防御或战术防御，如果战略防御问题处理不好，就可能导致兵败如山倒，一溃千里；如果战略防御问题处理恰当，就能够化险为夷，转危为安，达到柳暗花明的效果。中外军事历史上并不缺乏正面和反面的战例。

第二次世界大战期间，号称欧洲头号陆军强国的法国过于迷信其“固若金汤”的马其诺防线，一味追求消极的战略防御，导致在

① 卡尔·冯·克劳塞维茨著，中国人民解放军军事科学院译：《战争论》（第二卷），北京：商务印书馆，2003 年版，第 489 页。

短短的一个月之内被德军灭亡；抗日战争期间，毛泽东同志从敌我双方的客观实际出发，创造性地阐明了战略防御思想，明确划分出中国抗日战争要经过“战略防御、战略相持、战略反攻”三个阶段，其指导思想为中国人民取得抗日战争的伟大胜利指明了方向。

因此，正确处理战略防御问题要求决策者具有正确的战略预见、预判，能够对全局进行准确的把握，审时度势，进而实现攻防的顺利转换，这些都需要较高的战略领导艺术，借用一句常用的广告语：“进，固然需要勇气；退，则更彰显智慧用心。”而战略防御思想则是军事家们对处理战略防御问题的军事艺术的升华，是军事思想家们（或战略决策者）在不同的历史时代、社会、军事实践背景下对战略防御问题的理解与思考，是军事思想的重要组成部分，它具有鲜明的时代精神特征。

（二）战略防御是以“重攻轻防”为主要特征的俄罗斯（苏联）军事思想中的薄弱环节，战略防御理论没有能够同战略进攻理论一样引起足够的重视和获得应有的发展

作为战斗行动的两种基本类型，进攻与防御是同时出现的，普遍存在于战争之中，两者是紧密、辩证的统一体，既对立又统一，相互依存、相互影响的。正确认识进攻与防御之间的相互辩证关系，客观评估两种军事行动类型的作用和地位，对军事理论研究来说是十分重要的。防御与进攻的辩证关系历来受到军事理论家们的高度关注，他们大都从战略角度阐述了进攻与防御之间的相互关系，留下了许多重要的经典的见解和观点。

约米尼（Antoine-Henri Jomini）认为，进攻和防御问题是决定进行战争前要确定的第一个问题，进攻和防御都是比较有利的军事行动，采取进攻和防御都有可能获得成功：进攻可以掌握战争主动权，将战争进行到敌人的领土上，使本国免遭战争破坏，减少敌方的资源和增加己方资源，提高己方军队士气，使敌人产生恐惧情绪；进攻中的不利因素是作战线在敌方领土上，受制于敌方境内的山、河、隘路和要塞等障碍。

约米尼将防御分为两种：一种是惰性防御，或称消极防御，只要不走极端，这种防御也是有利的，不采取单纯消极防御，灵活开展军事行动，利用一切机会攻击敌人的弱点；另一种是积极防御，即同时也要实施突然进攻的防御，无论是在战略上还是战术上，这种防御都是有利的，可以利用己方资源和有利地形，掌握主动性，利用有利时机进行突击。约米尼认为，交战双方不论采取哪种行动，都是有利有弊的，应该根据交战形势适时地进行攻防转换，因为"在战略和政治方面不论进攻如何有利，一般在整个战争过程中总是不可能一直保持进攻的，因为如果说以进攻开始的战局不会转入防御，那绝对不可置信的"。约米尼提出："一个将领的最大才智，就是善于交替运用这两种作战体系，特别是善于在防御交战最激烈的时刻重新夺取主动权。"

马克思、恩格斯在其著作中同样十分关注进攻与防御的组织实施问题，他们结合许多具体的战例，详细探讨了如何选择进行作战的方式、不同条件下组织进攻与防御的具体方法。他们认为，战争中的进攻与防御是相互联系的，两种战法常常交替或交错采用，防御作战的真正重心是适时地组织反攻和进攻，主张实行以攻势来进行的积极防御，反对消极防御，消极防御必败无疑，"防御不应当是消极的，而应当从机动中吸取力量，并且只要一有机会，防御者就应当采取进攻行动"，"最有效的防御仍然是以攻势来进行积极的防御"。恩格斯还从历史上考证了某些著名将领、国家、民族在攻防作战上的各自优劣和长短，他指出，像埃帕米农达斯、亚里山大、汉尼拔、凯撒、拿破仑这样一些统帅，法国这样的国家和罗马人这样的民族，都是只擅长进攻，而不善于防御；而古希腊人、英国人、瑞士人、德国人和美国人则在防御作战中显现出了卓越的军事才能。

富勒（John Frederick Charles Fuller）认为，防御是进攻的基础，适时的防御则是胜利的基本保证。他曾概括地指出："作战艺术有赖于进攻和防御之紧密结合，犹如建筑大厦少不了砖和水泥一样。由于防御是不甚壮观的作战样式往往被人忽视，和平时期尤其如此。但是，防御对于正确的进攻行动正如弓之于箭一样是不可缺的。”正确的作战艺术取决于进攻与防御的紧密结合，作战的胜利取决于两者结合的有效程度，搞好攻防结合就能取得胜利，搞不好攻防结合就会失败。富勒还首次论证了机械化战争中可能出现的持久防御问题。

И. В. 斯大林（Иосиф Виссарионович Сталин）在从事军事活动中也曾提出积极防御的战略思想，他说：“这种战略的目的，就是要赢得时间，瓦解敌人，养精蓄锐，以便后来转为进攻。”

当然，历史上同样不乏极为推崇防御与进攻中某个单一方面的军事思想家，两种观点的代表人物是普鲁士军事思想家卡尔·冯·克劳塞维茨和俄国军事统帅 А. В. 苏沃洛夫（Александр Васильевич Суворов）。

克劳塞维茨认为“防御优于进攻”，在其经典军事理论著作《战争论》（The Theory on War）中详细阐述了战争中的攻防问题，他认为，作为战争中的两种基本作战形式，进攻和防御是相互联系、相互转化的，整体为防御，局部可能为进攻，进攻中含有防御因素，防御中也含有进攻因素，进攻可以转变为防御，防御也可以转变为进攻，但是，在克氏看来，防御比进攻更具有优越性，具有许多可以对作战产生影响的有利因素，“防御这种作战形式就其本身来说比进攻这种作战形式强”。关于防御，克劳塞维茨有句名言：“防御的概念是什么？是抵御进攻。防御的特征又是什么？是等待进攻。”由此可见，克氏所说的防御是一种积极的防御，是为进攻和反攻而做准备的，而不是单纯的、消极的防御。

俄国军事统帅 А. В. 苏沃洛夫则是“进攻优于防御论”的代表者，其战略思想是以进攻和果断见长，其军事行动的主要目的是在布设的野战中消灭敌军，战略行动的基本方法就是进攻。苏沃洛夫曾教导说：“军事学术之真谛，是从敌人最要害的部位直接进攻敌人，而不是采取迂回的方式接敌……只有直接的、勇敢的进攻才能制胜。”他的《制胜的科学》（Наука побеждать）基本内容中三项最重要的战术原则之一就是猛攻，苏沃洛夫比过去任何一位俄国军事家，更加提倡积极进攻战略，把消灭敌人军队作为战斗的主要任务。

以上所提出的两种“优先论”的观点仅仅是相对的，实际上他们并不否认防御或进攻作为主要行动类型的重要性。在军事行动中，采取哪种行动类型是由战场上的具体态势、双方军事实力对比来决定，并不是由军事理论家或者统帅的个人意志来决定，进行战争的艺术就在于掌握一切作战方法和样式，合理地运用它们，巧妙地使它们结合起来，并根据具体的情况及时、准确地采用其中的某一种形式。

以往大量的战争实践表明，如果说在战术范围内还能比较明确区分出进攻和防御的话，那么在战略范围内经常是既没有“纯”进攻，也没有“纯”防御，进攻与防御常常是不能被绝对化的，两者是相互渗透，相互联系的。战略防御并不等于处处实施防御，除非是在敌方具有压倒性的兵力优势、己方已完全丧失进攻能力的情况下。在战略防御的组织实施过程中，某些战略方向和地区常常伴随着局部的进攻战役，用以钳制敌军兵力，疲惫和消耗敌人，缓解主要方向的防御压力，为己方转入反攻创造有利条件，夺取战略主动权。战略进攻也并不等于处处实施进攻，除非是具有了压倒性的对敌兵力优势、敌方已完全丧失了抵抗能力时。在战略进攻的组织实施过程中，某些战略方向和地区可能会实施局部的防御战役，此时的防御是作为一种辅助的军事行动类型，是配合决定性意义方向上的进攻而组织实施的。战略进攻和战略防御两者之间可以相互转化：一方面，战略进攻可以转化为战略防御。在战争过程中实施战略进攻的一方不可能无休止地进攻下去，列宁曾经科学地指出：“那种从一开始到结束一直都是胜利进攻的战争，在整个历史上都是没有的，即使有过，那也是例外现象。”[①] 当进攻的目的得到实现或者受挫时，

① В. В. Турченко：Тенденция развития теории и практики стратегической обороны，«Военная мысль»，1979，№8，стр. 13～16.

应当及时地转入战略防御，否则就容易越过了进攻的“顶点”，遭受到失败；另一方面，战略防御可以发展为战略进攻。战略防御的最终目的是为转入战略进攻做准备的，战略防御可以视为一种“暂时的”军事行动，是迈向胜利的一个中间阶段，当战场上的态势出现有利于进攻的转机时，实施战略防御的一方应立刻转入到战略进攻当中，对实施战略进攻之敌实施坚决的反攻，掌握战略上的主动权，最终取得战争的胜利。否则，若是一味追求消极的战略防御，防御就失去了其本身的意义，实施消极战略防御的一方就只有静待被敌歼灭的命运了。

单纯强调战略进攻或战略防御都是不正确的，在战争实践中必须正确处理好两者之间的关系，而这正恰恰是俄罗斯（苏联）军事理论中的“软肋”。考察沙皇俄国和苏联的军事历史，我们就会发现其军事战略具有强烈的进攻性，崇尚武力和推崇进攻是俄罗斯民族几百年来的军事文化传统，从彼得一世“到敌人土地上作战”的军事思想到 A. B. 苏沃洛夫“快速和猛攻是战争的真正灵魂”的作战原则，再到苏联时任国防部长 A. A. 格里奇科（Андрей Антонович Гречко）关于“苏联军事战略将是坚决的、积极的、进攻的”的论述，都体现了“重攻轻防”的思想。无论是在军事学术研究中，[①] 还是在苏（俄）军颁发的作战条令、训令、军

① 俄国统帅 A. B. 苏沃洛夫在《制胜的科学》中强调：“军事学术之真谛，是从敌人最要害的部位直接进攻敌人，而不是采取间接迂回的方式接敌……只有直接的、勇敢的进攻才能制胜。”（A. B. 苏沃洛夫：《制胜的科学》，北京：解放军出版社，1986 年版，第 5 页。）

由苏军总参谋长 B. Д. 索科洛夫斯基（Василий Данилович Соколовский）主编、被视为火箭核战争时代军事战略指导的《战略》（Стратегия）中，作者极力鼓吹进攻，主张实施核突击，彻底否定防御，书中指出：“战略进攻和战略防御作为进行火箭核战争条件下的战略行动类型，已经失去了原来的意义……战略防御或防御战略对国家是十分有害的，应当坚决摒弃。”（B. Д. 索科洛夫斯基，中国人民解放军军事科学院译：《战略》，北京：战士出版社，1981 年版，第 68 页。）

苏军前副总参谋长 C. M. 什捷缅科（C. M. Штеменко）上将甚至宣称：“苏联军事学说认为，战略防御在现代战争中是一种不容采取的战略行动。”（C. M. 什捷缅科：《军事上的革命问题》，苏联军事出版社，1968 年版。）

人手册等法规文件中，[①] 都在鼓吹、宣扬进攻精神，防御只是被看作暂时的、辅助的作战类型，主张将其限制在战役或战术范围内，甚至彻底否定。

任何事物都是辩证统一的，在强调进攻的情况下，军事理论家们就必然会过分关注组织与实施进攻的方法，而忽视对防御问题的研究。苏联伏龙芝军事学院前院长 B. A. 库罗奇金（Виктор Александрович Курочкин）在总结伟大卫国战争的经验时就指出："战前苏联军事理论最大的错误就是没有研究出关于怎样免遭敌人突然袭击，以及在遭到突然袭击时如何采取防御的问题。"从某种程度上说，战略防御是俄罗斯（苏联）军事理论上的一个薄弱环节，实践经验"相对"较少，无论是在理论方面，还是在实践方面，战略防御都要比战略进攻逊色许多，但这并不能抹杀战略防御在俄罗斯军事战略中的重要性。

历史表明，俄罗斯军队在进行战略防御方面是具有优势的，这"不是因为它强盛，是因为它大而落后"。恩格斯曾指出："俄国国内没有一旦攻下来就可以迫使它媾和的中心。""这个国家道途梗阻，幅员广阔，补给来源缺乏，因而它几乎是根本无法征服的。"[②] 此外，战略防御思想对俄罗斯民族来说并不陌生，"它有俄罗斯运用这一理论的丰富历史经验作为其理论的基础"。[③]

远在 1709 年彼得大帝在波尔塔瓦会战（Полтавская битва）中

---

① 1936 年的苏军野战条令（草案）第一章明确规定："对工农社会主义国家的任何进攻都将被苏联武装力量所击退，苏军将成为一支比以往实施过进攻的一切军队更富有进攻精神的军队……将采取进攻的方法进行战争，并把它推移到帝国的领土上。"（王海、李植谷著：《苏联军事战略概论》，北京：国防大学出版社，1989 年版，第 30 页。）

由苏军 C. П. 科兹洛夫（C. П. Козлов）少将主编的《军官手册》中指出："苏联的军事学说具有进攻性……以最具有进攻性的方式来进行敌人强加于他们的战争，以求在短期内打垮敌人。"（C. П. 科兹洛夫：《军官手册》，苏联军事出版社，1971 年版。）

② 转引自吴春秋：《俄国军事史略（1547—1917）》，北京：知识出版社，1983 年版，第 187 页，原文参见《马克思恩格斯全集》，第 22 卷，第 18 页。

③ A. A. 科科申著，王吉良等译：《战略领导论》，北京：军事科学出版社，2005 年版，第 214 页。

成功运用战略防御思想，打败了当时欧洲最强大的军事力量——瑞典卓越战术家查理十二世（Karl XII）率领的瑞典军队。

1812 年卫国战争期间，俄国军事统帅 M. И. 库图佐夫（Михаил Илларионович Кутузов）运用战略防御思想使此前在欧洲战无不胜的拿破仑军队遭到战略性的失败。

伟大卫国战争同样给苏联军事战略提供了组织和实施战略防御的丰富经验，苏军统帅部曾组织了三次大规模的战略防御行动，前两次（1941 年莫斯科会战和 1942 年斯大林格勒会战）是作为被迫的措施而采取的（即被迫转入的战略防御），第三次（1943 年夏季库尔斯克会战）是在苏军掌握战略主动权情况下作为预定的措施而采用的，它是整个苏联军事历史上少有的成功实施战略防御的光辉范例。

俄罗斯（苏联）军事历史上曾经有过成功组织与实施战略防御的军事实践，它们为战略防御思想的研究和发展提供了肥沃的土壤，无论是在沙皇俄国时期还是苏联时期，或是当前的俄联邦时期，军事学术界关于战略防御思想的研究都不在少数，曾经涌现出一批研究战略防御问题的优秀军事理论著作，但由于种种的历史原因，许多关于战略防御的研究并没有被所谓“官方的、正统的”军事学术界所接受。因此，对俄罗斯军事研究来说，充分挖掘俄罗斯军事历史上“被遗忘、被封杀”的关于战略防御问题的理论探索与思想研究，整理一部完整的俄罗斯战略防御思想史是十分必要的。从军事学术研究的角度来看，同战略进攻思想一样，战略防御思想也是俄罗斯军事思想的重要组成部分，没有战略防御思想的俄罗斯军事思想史是不完整的，基于上述目的，本书尝试对俄罗斯战略防御思想的形成、演变轨迹进行梳理，从而厘清其历史沿革和发展脉络。

（三）研究俄罗斯军事战略中的具体问题，总结俄罗斯（苏联）处理战略防御问题的经验与教训，对于指导我国军队建设的科学发展、制定正确的军事战略方针具有借鉴意义

从俄罗斯军事学术界关于“军事战略”的定义[①]看，俄罗斯军事战略主要有以下三个特点，体现在“三个结合”上：第一，俄罗斯军事战略是理论与实践的结合，它不仅是一门科学的知识体系，也是一项军事实践活动；第二，俄罗斯军事战略是关于进行整个战争的战略与进行战略性战役的结合，它不仅研究进行整个战争的计划、手段、方法，而且研究各种战略性战役的内容、方法与条件；第三，俄罗斯军事战略是关于如何防止战争与如何进行战争、战略性战役的结合。俄罗斯军事战略不仅仅研究如何计划、进行战争和战略性战役，如何防止战争同样是其关注的基本问题。从某种意义上说，俄罗斯军事战略具有较强的科学性与可操作性，其军事战略的理论可以落实到不同军事领域中的诸多实际性的战略问题，注重对重大的、具体的、实际性战略问题的研究。目前军事战略研究容易陷入的误区是“大都对国际战略格局、世界安全环境、周边军事形势等‘大’问题感兴趣，而对那些与军队建设和改革密切相关的很多具体的战略问题，对把新时期军事战略方针落实到各个不同领域的很实际的战略问题，没有给予足够的重视”[②]，军事战略的研究不仅需要研究“大”的理论问题，而且还要重视对具体战略问题的研究，具体战略问题是重要战略问题的展开和延伸，只有真正了解了具体的战略问题，才能解决好极端重要的全局性的战略问题，战

---

① “军事战略是军事学术的组成部分和最高领域，它包括国家和武装力量准备战争、计划与进行战争和战略性战役的理论与实践。”（《苏联军事百科全书·战争理论卷》第342页）“军事战略是关于现代战争性质和以军事手段防止战争的途径、关于国家和武装力量对于抗击侵略的准备、关于进行整个战争和战略规模军事行动的方法和样式的科学知识体系，也是国家领导和最高军事领导在防止战争、使国家和武装力量做好战争准备并在实施军事行动时对它们进行领导以抗击和歼灭入侵者方面的实践活动领域。”（中国人民解放军军事科学院编：《俄联邦军事基本情况(2004年版)》，第68页。）

② 郭武君：“注重研究具体战略问题”，载《学习时报》，2004年第381期。

略防御问题是俄罗斯军事战略中关于未来战争和战略行动样式的内容、方法与条件的基本的、具体的问题。通过对俄罗斯战略防御思想的历史考察，我们可以对作为科学理论知识体系的整个俄罗斯军事战略有更为清晰的感性认识。

从军事历史上看，俄罗斯民族在处理战略防御问题时曾经有过深刻而又惨痛的教训，特别是没有能够正确处理好军事上战略进攻与战略防御之间的关系，常常像钟摆（маятник）一样在两者间来回摆动，要么重视战略进攻，轻视甚至否定战略防御；要么完全放弃战略进攻，一味追求战略防御。以苏联时期为例，战略防御就先后经历了一个从“彻底否定→重新肯定→再次否定→完全肯定”的反复过程，军事战略上的左右摇摆和过分追求绝对化给俄罗斯民族带来的灾难是巨大的。

20世纪二三十年代，苏军违背了军事辩证法的规律，军事理论探索上追求意识形态化，大肆鼓吹战略进攻，完全忽视或根本否认了战略防御理论，直接导致战争初期在德国法西斯“闪电战”进攻下苏军根本无法组织起有效的战略防御，军队节节败退，完全处于战略上的被动，苏联为此付出了几百万生命的代价以及巨大的物质和精神损失。

20世纪80年代后期，苏共时任领导人戈尔巴乔夫推行的“政治新思维”同样波及军事领域，苏联军事战略开始走向另一个极端：完全肯定战略防御，彻底放弃战略进攻。戈氏的浪漫主义和空想主义给苏军带来的打击是毁灭性的，成为苏联军队从内部自行崩溃的重要原因之一。

研究外军的主要目的是为了指导我军的军事实践和现代化建设，本书研究同样也不例外，研究最终的落脚点是研究俄罗斯战略防御思想的演变历程能够引发我们什么样的思考，哪些成功经验是值得我们借鉴，哪些惨痛教训是给我们敲响警钟的。自新中国成立以来，我国历来主张奉行积极防御的军事战略方针，在新的历史条件下，如何发展积极防御的战略方针，是国际政治和军事领域的热门话题之一，本书力图通过考察、解读俄罗斯战略防御思想发展演变过程，认真总结苏军成功组织与实施战略防御的历史经验，汲取苏军在处理战略防御问题上的惨痛教训，引以为戒。

此外，中国有句古话："以史为鉴，可以知兴替。"历史常常是最好的老师，现实中的许多问题往往能够在历史中找到答案，"历史不会重复，但历史也不能割断，它可以在过去的基础上和未来的时空中得到合乎逻辑的发展"。[①] 通过对俄罗斯战略防御思想的历史考察和思考，我们就可以了解到俄罗斯在处理战略防御问题上的某些"惯性思维"，对于未来我军制定正确的战略对策、战略方针具有较大的借鉴和参考意义。因此，本书研究同时立足于做成一份对现实的战略决策具有参考价值的研究报告。

四、文献综述与研究状况

（一）沙皇俄国时期关于战略防御问题的研究

沙皇俄国时期，最早系统地从事战略防御问题研究的学者是"俄罗斯军事学派"代表人物、帝俄尼古拉总参军事学院教授、步兵上将 Н. П. 米赫涅维奇（Николай Петрович Михневич 1899—1901 年），他的两卷本《战略》（Стратегия）先后问世，这部著作基本上取代了曾在战略领域中统治了近半个世纪的 Г. А. 列耶尔的战略教程。作者在书中专门开辟章节阐述了战略防御的问题。他指出，未来战争的漫长、激烈的性质要求军队必须重视战略防御的地位和作用，提出了组织与实施战略防御的两个基本原则——广泛利用地形因素和牵制敌有生兵力（部队），研究了在不同的情况下实施不同形式战略退却的问题，Н. П. 米赫涅维奇的防御思想是同战役思想、战术思想紧密联系的，他首次提出了"防御战役"和"防御交战"的概念，并详细论述了防御交战的组织与实施问题。

---

① В. А. 佐洛塔廖夫著，李效东等译：《俄罗斯军事战略史》，军事科学出版社，北京，2009 年版，第 1 页。

同 Н. П. 米赫涅维奇一个时代的帝俄尼古拉总参军事学院教授 А. А. 涅兹纳莫夫（Александр Александрович Незнамов）上校也从事战略防御问题的研究，关于战略防御问题研究代表著作有《防御战争：理论问题》（Оборонительная война. Теория вопроса）和《现代战争：野战集团军行动》（Современная война. Действия полевой армии），作者提出“战略性防御战役”的概念，对发展战役思想作出了巨大贡献，研究和探讨了在不同的条件下组织与实施战略防御的问题。

（二）苏联时期关于战略防御问题的研究

苏联时期研究战略防御的代表性学术著作有苏军总参军事学院教授 А. А. 斯韦钦（Александр Александрович Свечин）的《战略》（Стратегия）和苏军时任总参谋长 В. Д. 索科洛夫斯基的《战略》。巧合的是，这两部书是苏联武装力量组建以来第一本和第二本关于军事战略的理论著作，由此可以看出战略防御在苏联军事战略中的地位和作用。战略防御问题是苏联军事理论界比较关心的问题，但同时也是存在着较大争议的问题，两位作者书中所阐述的战略防御观点在不同的版本中又不尽相同。

А. А. 斯韦钦的《战略》是苏维埃武装力量建立以来军事学术界的第一部战略研究的著作，作者详细论述战略防御与战略进攻、消耗战略与歼灭战略之间的辩证关系。根据大量客观的军事历史经验，作者对未来战争性质与进程进行了预测，阐述了“消耗战略”的思想，主张必须把战争的各种样式——歼灭战争和消耗战争结合起来，将战略防御和战略进攻有机结合起来。

В. Д. 索科洛夫斯基的《战略》是伟大卫国战争结束后苏联军事学术界的第一部战略著作。尽管它出版于苏军“火箭核战争”时代，但作者比较客观详细地对国内战争和外国武装干涉时期、伟大卫国战争时期苏军组织与实施的战略防御实践进行了论述，总结了苏军组织与实施战略防御的主要成功经验和教训。但令人遗憾的是，作者对“火箭核战争”时代的战略防御极力贬低，持完全否定的态度。

B. B. 图尔琴科是苏军研究战略防御问题的权威之一，他从伟大卫国战争结束后就一直从事战略防御问题研究，军衔从中校升到少将。20 世纪 50 年代初他曾发表了《论仓卒转入的防御》（《军事思想》1956 年第 11 期），60 年代初发表了《现代进攻战役中的防御》（《军事思想》1962 年第 9 期），研究了火箭核战争中组织与实施防御战役的问题，70 年代末 80 年代初，作者先后发表了《战略防御理论与实践的发展趋势》（《军事思想》1979 年第 12 期）和《论战略防御》（《军事思想》1982 年第 7 期）两篇文章，苏联解体后，又发表了《论战略性防御战役》（《军事思想》1992 年第 4—5 期）。他是战后苏联军事思想发展史上为数不多的、始终关注和研究战略防御问题的军事思想家，其关于战略防御问题的观点是比较系统的、全面的。B. B. 图尔琴科详细研究了战略防御理论与实践的变革，阐述了转入战略防御的条件，以及关于防御的规模、战略防御的实施方法等观点的发展趋势，他通过大量的战争事实论证了关于战略防御的两种极端思想：反对把防御作为一种战略行动类型是完全靠不住脚的，同时单纯采用防御战略也会严重失算。作者主张在保持战略进攻起主导作用的情况下，还必须将战略进攻与战略防御更加灵活地结合起来。

（三）俄联邦时期关于战略防御问题的研究

俄联邦时期，专门研究战略防御问题的学术著作并不太多，其中比较有代表性的著作是：

由俄联邦国防部军事历史研究所资深学者、俄罗斯自然科学院院士 B. A. 佐洛塔廖夫（Владимир Антонович Золотарёв）少将主编的《俄罗斯军事战略史》（История военной стратегии России）。该书是俄联邦历史文献中第一部研究俄罗斯军事战略史的专著，书中对俄罗斯军事战略发展演变过程中各个不同历史时期武装力量的行动类型及理论观点进行了阐述，对战略防御理论与实践的演变进行了分析。作者专门用了相当大的的篇幅对伟大卫国战争时期苏军组织与实施的战略防御进行了总结。

由俄联邦前国防部第一副部长 A. A. 科科申（Андрей Афанасьевич Кокошин）主编的《战略领导论》（Стратегическое управление）。作者分析了俄罗斯军事历史上轻视战略防御的问题，阐述了俄罗斯历史上组织与实施战略防御的成功经验，提出战略防御思想是俄罗斯军事思想发展史上的宝贵财富。书中对 A. A. 斯韦钦的战略防御观点给予高度评价，指出忽视他的研究使苏联在伟大卫国战争初期遭受了巨大的物质损失和文化损失。

（四）国内关于俄罗斯战略防御问题的研究

国内关于俄罗斯战略防御问题的探讨大多都零散分布于俄罗斯（苏联）军事战略研究当中，主要有：由王海、李植谷主编的《苏联军事战略概论》一书对 20 世纪 70 年代到 80 年代中期苏军战略防御得到重新肯定的原因进行了阐释，并论述了该时期苏军战略防御的主要特点；由总参某部主编的《军事战略》（1988 年）对苏军的“大陆战区战略性防御战役”的原则、组织与实施问题进行了详细的阐述。

此外，国内的军事学术杂志上还曾刊登过一些关于俄罗斯战略防御问题的学术文章，比较有代表性的成果是：傅全有的《试析苏军战区战略性防御战役的特点》（《外国军事学术》，1987 年第 8 期）、姚宏德的《苏军重视研究战略防御问题》（《军事学术》，1983 年第 6 期）、孙公达的《苏联 30 年代初对消耗战略的批判极其教训》（《军事历史》，1987 年第 6 期）、韦均朴的《苏联卫国战争中战略防御作战的几个特点》（《军事学术》，1976 年第 2 期）等。

五、研究的主要创新点

本书研究的创新点主要包括以下几个方面：

本书研究较为系统地阐释了俄罗斯（苏联）军事史上战略防御思想的孕育萌芽、形成与发展的演变过程，从公元 9 世纪的古罗斯时期一直到现今的俄联邦时期，总结各个不同历史时期战略防御思想的基本内容，梳理俄罗斯战略防御思想的演变轨迹。目前国内外学者关于俄罗斯战略防御思想史的研究并不多，大多是关于具体历史时期战略防御问题的研究，尚未有从历史发展的角度全面、系统地描写战略防御思想的发展历程，这是本书的一个创新点。

本书在对俄罗斯历史上的战略防御思想进行考察时，始终围绕着两条主线展开：一是遴选俄罗斯军事历史上不同时期具有代表性的、研究战略防御问题的军事理论家或军事统帅，人是思想的载体，通过分析人物的思想来解读战略防御思想发展的时代特征；二是结合不同时期俄（苏）军的战略防御实践，探讨军事实践对战略防御思想发展所起的推动作用，实践是检验理论的唯一标准，总结在军事实践中战略防御理论出现的新变化、新特点。因此，对战略防御思想的考察是建立在科学、客观、全面的历史基础之上的。

本书在考察战略防御思想的过程中，不仅参考和借鉴“正统的”、官方的军事著作与历史资料，而且还充分挖掘那些由于各种原因被“历史所遗弃或忽视的”、优秀的战略防御研究成果，恢复它们在俄罗斯军事思想发展史中的地位，重新还原那些被抹杀掉的思想历史[①]，力求全面、客观、详细地揭示俄罗斯（苏联）战略防御思

① 俄罗斯（苏联）军事历史上，许多优秀的军事研究曾惨遭封杀，原因是多方面的，政治意识形态化倾向给俄罗斯军事带来的危害尤为严重。苏联解体近十年后，同众多的研究领域类似，俄罗斯军事研究领域迎来了学术“回归思潮”，大量的优秀的、被禁锢的、被封杀的理论著作得以“重见天日”，重新回归到了俄罗斯军事思想界中，最典型的例子就是苏联总参军事学院教授A. A. 斯韦钦教授和他的《战略》一书。A. A. 斯韦钦是苏联时期研究战略防御的先驱者，他的《战略》是苏联第一部战略方面的专著，该书第二年就连续出版两次。在书中，A. A. 斯韦钦对当时战争的性质、进程和作战方法都作出了准确的判断，它填补了当时苏联战略防御理论研究的空白，对于当时即将爆发的第二次世界大战具有重要的指导意义。令人遗憾的是，他的研究在当时政治挂帅的苏联军事科学界并没有得到肯定，反而遭到了以M. H. 图哈切夫斯基、K. E. 伏罗希洛夫等“红色军事理论家们”的猛烈批判和指责。在苏联军队大规模清洗运动中，A. A. 斯韦钦最终难逃被杀戮的命运，他的《战略》被列为“禁书”，从此所有战略问题都成为苏联军事学术界的禁区，直到1962年由苏联元帅B. Д. 索科洛夫斯基主编的《军事战略》出版问世，战略问题研究才得以解禁。俄罗斯联邦前国防部副部长A. A. 科科申曾这样评价A. A. 斯韦钦的研究：“忽视他的研究使我们国家付出了相当沉重的代价，导致了在1941—1945年战争中数百万人丢失了生命，造成了巨大的物质损失和难以恢复的文化损失。”这么优秀的重要理论研究曾被苏联封杀长达60多年，直到苏联解体近十年后才得以“重新回归到俄罗斯军事思想界”，不能不引起人们的深刻反思。

想演变的轨迹。

本书采用案例分析方法，将俄罗斯（苏联）军事历史上具有代表性的战略防御实践作为个案研究，探讨俄罗斯战略防御的组织与实施的方法以及存在的主要问题，总结成功的经验与失败的教训。

本书在较为全面地考察俄罗斯战略防御思想演变历程的基础上，不仅总结了战略防御理论的发展特点和趋势，而且归纳了战略防御思想演变轨迹的几个特点，分析了影响和制约俄罗斯战略防御思想发展的主要因素，既包括有利的因素，也包括消极的因素。

第一部分

沙皇俄国时期战略防御思想的形成与发展

俄罗斯战略防御思想是随着防御理论与实践的发展而发展，经历了一个萌发、形成、发展与变化的复杂而漫长过程，战略防御是根据它固有的原则和要求实施的，这些原则和要求随着武装斗争、军事技术和军事学术的发展而不断完善，不断增加着新的特点。

俄罗斯战略防御思想的萌芽可以追溯到公元9世纪的古罗斯时期，以军事远征与所属领地防御相结合的积极战略防御雏形诞生。封建割据时期（11—15世纪）的战略防御思想萌芽主要特点是重视提高防御的稳定性，巧妙使用预备队。中央集权时期（16—17世纪）俄军战略防御通常是在次要方向实施，而在主要方向实施坚决的战略进攻，该时期俄军守城艺术得到了极大的发展。帝俄时期是俄罗斯战略防御思想发展的重要阶段，彼得一世是俄罗斯战略防御思想的鼻祖，他是俄罗斯军事历史上第一位运用战略防御打败外来强敌的军事统帅；M. И. 库图佐夫是战略防御思想的集大成者，他将俄国的战略水平提高到新的发展高度，他成功地运用战略防御使此前在欧洲战无不胜的拿破仑军队遭到战略性的失败。两位杰出的俄国军事统帅，两次巧妙地运用战略防御，使俄军在世界军事史上留下了彪炳战绩。以H. П. 米赫涅维奇、A. A. 涅兹纳莫夫为代表的“俄罗斯民族学派”军事理论家根据发展变化的战争性质，在其学术著作中深入研究和探讨了战略防御的地位和作用、基本原则、组织与实施战略防御的主要方法等问题，他们对该时期战略防御思想的发展作出了巨大的贡献。与此同时，该时期俄军在克里米亚战争（1853—1855年）、俄日战争（1904—1905年）和第一次世界大战（1914—1918年）中组织与实施了一系列战略防御，这些军事实践对战略防御思想的发展起到了重要的推动作用。

第一章　战略防御思想的孕育萌芽

一、古罗斯时期（9—11 世纪）：以军事远征与所属领地防御相结合

军事战略是在社会划分为阶级、军队和战争出现的同时产生的。俄罗斯军事战略的萌芽要远远晚于远古时期古代东方的印度、中国以及古希腊和古罗马等奴隶制国家。大约到公元 9 世纪下半期，东斯拉夫人以基辅为中心建立统一的国家组织，史称“基辅罗斯”，军事远征是当时古罗斯国家军事战略的具体表现。

进行积极的军事远征时，古罗斯国军队特别重视所属领地的防御。组织所属领地防御，是古罗斯国最重要战略问题之一，因为在其对外远征的同时，始终面对来自南方游牧民族（佩彻涅格人）的威胁，国家南部地区形势尖锐紧张。“据史书记载，弗拉基米尔大公在位期间，罗斯先后与佩彻涅格人进行了 8 次大的战争，其目的都是为了巩固南部边界，沿杰斯纳河、奥肖特尔河、特鲁别日河、苏河和斯图奇卡河建立了新的障碍物，修复了旧的障碍物，为了监视游牧部落，堆积了瞭望台，设立了警戒哨，在重要方向上，还用土堤和栅栏将警戒瞭望台连接起来。”①

古罗斯国建立起具有战略意义的筑垒防线，以保卫国家免遭游牧民族侵袭。但古罗斯大公并没有采取单纯的防御措施来确保边界不被好战民族侵袭，而是采用了将远征和积极防御相结合的策略，

---

① B. A. 佐洛塔廖夫著，李效东等译：《俄罗斯军事战略史》，北京：军事科学出版社，2009 年版，第 10 页。

由此开始，积极的战略防御雏形诞生了。

二、封建割据时期（11—15世纪）：重视提高防御稳定性，巧妙使用预备队

11世纪下半叶，随着封建关系的发展，基辅罗斯分裂成为一系列大大小小独立的封建公国，开始了分散割据的局面。

封建割据的前期，由于受当时生产力发展水平的限制，军队人数较少，战争的目的和规模都十分有限，大规模的交战几乎不存在。因此，军事战略是同战术紧密联系在一起的，通常是一次小的战斗就能够同时解决决定战争结局的战略任务和战术任务，军事战略思想常常是蕴含于战术思想之中。当时战争的性质主要是各封建公国内部之间的对抗，各公国互相攻讦，大小混战不断，“据史书记载，从1228年到1462年的234年间，共发生了90场内讧战争，其中35场发展到攻占城池的规模”。[①] 各封建公国为了保障本国的安全和巩固已夺占的领土，通常都重视国家的防御准备，主要是构筑城堡、加强城防工事和修建边防要塞，在最重要的地区驻扎军队；在野战条件下，则是由防御军队在预选地区摆成密集队形，利用土质壁垒抵抗进攻者。早在那些年代，对防御就存在着各种不同的态度：多数情况下，对防御是估计不足的，但有时则认为防御是唯一合适的军事行动样式。

封建割据中后期，罗斯军事战略的主要目的和内容是抵抗外来民族入侵和民族解放。在抵抗外来民族的战争中，罗斯王公改变了以往试图独自完成御敌任务的策略，注重各公国军事力量的联合，军事行动的主要方法是以行动谨慎与迅速相结合的战略进攻为主，以积极防御为辅。在主要方向实施坚决的进攻，消灭进犯之敌主力，它是由以统一各罗斯公国和抵抗外来民族入侵为宗旨的政策所决定的；但由于国家处于分裂状态及外部敌人实力强大，为取得战争的胜利，罗斯军队必须要重视积极防御的作用。

① 转引自C.M.索洛维约夫：《远古以来的俄国史》，莫斯科，1959年，第1卷，第1190页。

当时所进行的大规模战争基本上较好地展现了军事战略发展的基本趋势，以“提高防御的稳定性和重视战略预备队的使用”为主要特征的战略防御思想萌芽正孕育发展。1242 年 4 月 5 日“冰上之战”中，亚历山大·涅夫斯基（Александр Невский）灵活采用“团队队形”，依靠建立先头团增大了战斗队形的纵深，通过积极防御，成功抵挡住了日耳曼铁甲骑士向中央实施的强大楔形突击，随后借果断而巧妙的机动两面包围并围歼全部敌人，取得了楚德湖之战的胜利。

该时期最能体现罗斯军事战略中积极战略防御思想萌芽的是德米特里·伊万诺维奇（Дмиртрий Иванович）的军事思想。他历来十分重视积极防御的作用，尤其是在己方军事实力较弱时，重视在边境城市修筑工事，从而构成一条战略防御线。1367 年，在莫斯科还修建了石头筑成的克里姆林宫，极大地增强了莫斯科公国的防御能力。1380 年 9 月 8 日的库利科沃会战（Куликовская битва）体现了德米特里作为一个战略家的天才，其战略（战术）的运用包含了积极防御的思想。

首先，会战中，罗斯军队十分重视防御的稳定性。通过战前的缜密侦察，罗斯军统帅识破了蒙古骑兵的战略企图，下定决心，借助库利科沃原野的有利地形，合理部署军队。德米特里将总决战的地点选择在便于罗斯军队行动而限制鞑靼骑兵机动的地方，从会战前罗斯军队的“团队队形”[①] 部署来看，战斗队形列成了 2—3 线，极大地提高了队形的稳定性，可以保障军队抗击敌军的正面和侧翼的突击，实施迂回，不断增强纵深的突击力量，并使战斗队形各要素之间便于保持协同作战。

其次，罗斯军队的局部预备队和总预备队（伏击团）对最终取得会战的胜利发挥了关键性的作用。会战开始初期，他并未将主力全部投入到与敌人的决战中，而是预先将一股精锐骑兵力量隐藏起

---

① “团队队形”是罗斯军队在“墙式队形”的基础上形成的，是 11 世纪罗斯军队常常采用的战斗队形，由三部分组成的横队：即主力团（中央团）、左翼团和右翼团。可以混合配制步兵和骑兵，实施机动，突击敌军侧翼。

来，先由先遣团和大团消耗敌人的主力突击，打乱蒙古军队的战斗队形，待战机成熟时迅即将由精锐骑兵组成的伏击团投入进攻，进而围歼敌人。俄联邦国防部军事历史研究所资深学者 B. A. 佐洛塔廖夫少将曾评价道："库利科沃会战是运用预备队（当时称伏击团）的经典战例，伏击团在关键时刻被用于主要突击方向，这在很大程度上决定了会战的结局。"①

封建割据时期的罗斯防御思想中包含了积极防御、率先接敌，积极迂回，巧妙使用预备队等因素，防御的主要目的用于赢得时间、准备和集中主要兵力。与同时代的瑞典、日耳曼、蒙古鞑靼等外来入侵民族的军事思想相比，它具有较强的优越性。毋庸置疑，当时罗斯的战略防御思想仅仅是停留在孕育萌发状态，是一种战术防御的思想，真正的战略防御思想还远未形成。

三、中央集权时期（16—17 世纪）：在次要方向实施战略防御，或在主要方向被迫转入战略防御，守城艺术得到极大发展

1547 年，伊凡四世（Иван IV）加冕为"全俄罗斯沙皇"，标志着以莫斯科为中心的统一中央集权国家形成。中央集权制国家的建立，改变了军事战略的目的和内容，以前各封建公国之间的内讧不复存在，取而代之的是巩固集权制国家、抵抗外族入侵的民族战争和不断的对外扩张战争（远征）。同时，火器、射击武器的问世（14 世纪）以及在军队中的广泛使用（15—16 世纪），军队人数的不断增加和军事组织的完善，促使作战方法和样式发生了深刻的变化，保证了攻防理论和实践的进一步发展。

中央集权制下的沙皇俄国时期，伊凡四世曾运用战略防御的思想，成功地解决了主要战略方向与次要战略方向的问题，即在主要

---

① B. A. 佐洛塔廖夫著，李效东等译：《俄罗斯军事战略史》，北京：军事科学出版社，2009 年版，第 22 页。

方向上实施战略进攻，而在次要方向上实施战略防御，力避两线同时作战。他采取了先东线（喀山方向）后西线（波罗的海）的策略，而在南线（克里米亚汗国和奥斯曼帝国）则采取了守势，实施战略防御的策略。他命令军队在南线建立了绵延长达数百公里的边境防御线，由一连串的筑垒城堡、各种木造边防堡垒、林中鹿柴（路障）、木桩栅（打入地里的圆木）等连接而成，在无树林中间地带则由壕沟或土堆组成；设立警戒哨和哥萨克骑兵哨，监视鞑靼人的行动情况；派遣部分兵力牵制克里米亚鞑靼人的行动，并时不时采取以攻为守的策略，对克里米亚发动小规模的“远征”，实际上仅是虚张声势而已，其战略中心仍然在东线和西线，在南线则完全是战略防御的态势。

当战场形势不利于军队进攻或者遭遇到军事实力更强的国家或联盟的进攻时，沙皇军队才被迫转入战略防御的态势。沙皇伊凡四世所发动的战争大多是以对外领土扩张为主，常常是以强凌弱，双方军事实力相差比较大。伊凡四世对外扩张的军事政策和政治目的在很大程度上决定了军事行动的类型以进攻为主，但形势不利时常常被迫转入战略防御。例如，1578 年利沃尼亚战争期间，波兰国王在罗马教皇的支持下纠集了德国、匈牙利、丹麦、苏格兰等国雇佣军，把对俄战争变成欧洲天主教国家的十字军远征，俄国扶植的丹麦傀儡马格努斯也投奔波兰，同时由于长年对外征讨，穷兵黩武，劳民伤财，国内形势急剧恶化，俄军在利沃尼亚战场上被迫转入战略防御，因俄军以前大多是对敌实施猛烈的进攻，并没有实施防御战斗的经验，在波兰军队的进攻之下，俄军节节败退，最终利沃尼亚战争以俄军的失败而告终。

17 世纪大部分时间内，沙皇俄国一直都处于大动乱之中，国内各贵族势力斗争异常激烈，政权更迭，哥萨克和农民起义不断；国外波兰虎视眈眈，伺机入侵，沙皇俄国陷入了内外交困之中。该时期，俄国军事史上最严重的事件就是两次对波兰的战争（1604—1618 年的俄波战争、1653—1667 年的俄波战争），但两次战争的性质却完全不同：第一次对波兰的战争是17世纪初波兰封建主利用俄国农民和哥萨克的反抗斗争入侵俄国，本质是为了同俄国封建主争夺对俄国人民的统治权，因此它必然得到俄国人民的英勇抵抗，具有民族战争的性质；第二次对波兰的战争则是俄国利用乌克兰农民和哥萨克起义进攻波兰，本质上是为了同波兰封建主争夺对乌克兰人民的统治权，具有侵略战争的性质。从俄国军事历史上看，通常当俄罗斯民族面对强敌入侵时，俄国军队才迫不得已采取防御行动，俄军所采取的防御行动大多是发生在第一次俄波战争期间。

17世纪大部分时期，俄军防御思想依旧停留在战术防御层面，甚至整个俄国军事战略都没有太大的发展，几乎是停滞不前，它与当时动乱的社会时代背景有较大关系，同时从侧面反映出，一个国家军事战略的发展必须要有稳定的国内政治环境，军事思想的发展则需要呼唤优秀的、杰出的军事统帅和军事理论家的出现。①

中央集权制时期，战略防御的思想萌芽主要是体现在组织与实施防御的过程中构筑坚固的壁垒和防御线，利用天然有利地形，合

---

① 同俄国军事战略不同的是，随着军队人数的不断增长和军事行动规模不断扩大，17世纪西欧各国的军事战略得到新发展，主要表现在“机动战略”和“警戒线战略”（кордонная стратегия）的出现。

当时认为，战略行动的目的和对象通常不是敌方的军队，而是不经过决战便夺占敌方的领土，其作战方法是迂回敌军的侧翼，采用袭击敌方补给线、威胁敌方物资基地（仓库）等手段，将敌军赶出预定地区，迫使敌人退却，这被认为是军事战略最大的胜利，这便是“机动战略”。当时著名军事理论家普鲁士国王腓特烈二世认为：“夺取土地就是胜利，而不是杀伤敌人。”（Б. В. 帕诺夫主编：《战争艺术史》，军事科学出版社，1990年版，第27页。）

“警戒线战略”则是同“机动战略”相对立的，为了对付敌人的机动和保卫本国的领土，防御方要在重要的交通枢纽构筑许多可以驻扎强大守备部队、储备大量物资的坚固要塞，同时把全部兵力沿边境线平均部署成一道单薄的防御屏障，力图掩护所有的方向。“警戒线战略”的产生与出现是随着当时西欧各国建立小规模的常备军而出现的，代表了当时西欧各国军事理论对防御问题的一种观点，是一种消极防御，因为在宽大正面分配军队，又没有顺畅的指挥体系，敌人只要在某个方向集中兵力优势，便可以突破敌人的防御。到了18世纪，随着人数众多的军队日益出现和武器装备的不断改进，“警戒线战略”很快遭到了摒弃。俄国军事理论家，如彼得一世、П. А. 鲁缅采夫、А. В. 苏沃洛夫、М. И. 库图佐夫等，都对“警戒线战略”持反对态度，认为“这种战略有着天生的弱点，宁愿采取小心谨慎的或纯消极的行动”。

理部署兵力；在野战条件下，则是在没有构筑工事的阵地上部署密集的队形（该时期沙皇俄国军队的战斗队形仍是以“团队队形”为主），抵抗敌人的突击，重视提高防御的稳定性，减少敌人的火力毁伤。该时期，战略防御思想最大的贡献就是守城艺术得到了极大的发展，主要反映在两次英勇的防御中：利沃尼亚战争中的普斯科夫防御（1581—1582 年）和第一次俄波战争中的斯摩棱斯克防御（1609—1611 年）。防御具体组织与实施情况参见表 1。

表 1　普斯科夫防御和斯摩棱斯克防御

	普斯科夫防御	斯摩棱斯克防御
防御的性质	И. П. 舒伊斯基率领俄国军民抵抗波兰人侵	М. Б. 舍因率领俄国军队反对波兰立陶宛封建主武装干涉
持续时间	143 天	20 个月
兵力对比	俄军 1.6 万人，波军 5 万人，俄军处于劣势	俄守军 5000 人，波军 3 万人
防御的组织与实施	守军善于运用火炮，先后击退了敌军 30 余次猛攻，其中包括敌人两次决定性的攻击（来自切列哈河方向的攻击和来自韦利卡娅诃方向的攻击）；利用逆向坑道（反布雷坑道）所进行的反爆破作业粉碎了敌人炸毁要塞的企图（敌军先后向要塞挖了 9 条坑道，尝试借助坑道炸毁要塞）；合理使用驻军预备队，及时击退了波军炮兵击毁斯维努兹和波克罗夫两座塔楼之后的突入之敌；开展内外结合，实施突击，袭扰敌军，俄城中守军先后对敌实施了 46 次频繁而有效的突击，使敌军精力疲惫并遭受到巨大的损失，与此同时，普斯科夫要塞外的武装军队积极行动，涅恰耶夫率领驻守在要塞以西 60 千米处的普斯科夫－佩乔雷寺院的射击兵部队对敌军小哨和饲料员进行了多次有效的出击。	利用要塞中的头等武器（各种不同口径的火炮 200 门）和大量弹药，成功地抵抗住了波军 5 次猛烈的强攻，牵制敌军达两年之久，俄军的战斗精神发挥了巨大的作用，守军克服了种种困难和不利条件（援军被打掉和瘟疫疾病），士气高昂，发扬了高度的爱国主义精神，甚至连最后一批守军（约 3，000 人）都炸毁教堂与敌人同归于尽。

续表

	普斯科夫防御	斯摩棱斯克防御
防御的最终结局与作用	英勇的普斯科夫防御成功经受住了波兰军队的进攻，迫使波兰国王巴托雷同俄国政府进行和谈，于1582年签订了停战协议。	以失败而告终，但通过长时间的牵制敌军从而为全国展开民族解放斗争创造了政治和军事条件。

俄军两次防御艺术的共同特点包括以下几个方面：防御的目的和性质都是抵抗外来民族的入侵、保卫本国的领土；防御持续时间长；兵力兵器占有劣势；防御的稳定性和积极性都较高；防御中表现出坚韧不拔的精神和高超的守城艺术。

本章小结

俄罗斯军事史上，战略防御思想的雏形最早可以追溯到公元9世纪的古罗斯时期，罗斯军队在进行坚决的远征时，重视对所属领地的积极防御，通常的军事行动类型是军事远征和积极防御相结合。封建割据时期，积极防御思想主要运用在抵抗强大的外族势力入侵、争取民族独立与自由的战争中，当敌人的军事实力强于俄国（罗斯）军队的实力时，俄军通常会实施防御。中央集权制时期，其军事战略服务于对外扩张的军事政策，沙皇俄国常是以强凌弱，要求军事行动的类型常常以进攻为主，但当面对强敌入侵或优势之敌时，俄军常常会被迫地转入战略防御。

由于受军队人数和战争规模的限制，早期战略防御思想的萌芽蕴含于战术防御思想中，战术和战略是紧密联系在一起的。早期战略防御思想主要表现在：重视防御的稳定性，构筑城堡，加强城防工事和修建边防要塞，在最重要的地区驻扎军队，守城的防御艺术得到了极大的发展，特别是战略意义重大的要塞防御；注重发扬士兵高度的爱国主义精神和战斗精神；在野战条件下，重视防御的积极性和阵形纵深配置，提前在预选地区摆成密集队形；合理使用局部预备队和总预备队，选择适当的时机转入反攻。

第二章　帝俄时期战略防御思想的发展

18 世纪至 20 世纪，是沙皇俄国军事史上重要的实践时期，俄国先后发动和参与了一系列的战争。根据相关资料统计，在此期间沙皇俄国发动的较大规模战争达到了 28 次，[①] 整个国家几乎大部分时间都处于不同程度的战争状态。沙皇俄国所进行的大部分战争都是非正义的扩张战争，战争的性质和目的决定了战略行动的类型必须以战略进攻为主，战略防御只能处于次要的地位，“积极进攻”的思想始终贯穿于该时期俄国的对外扩张战争中。

大量丰富的战争实践促进了俄国军事思想的发展，俄国历史上曾涌现出了一大批优秀的军事统帅和军事理论家，他们反对机械照搬西欧国家的军事体系、军事思想，主张从本国的实际情况发出，总结军事斗争的原则、规律和方法，俄罗斯军事思想发展史上出现了“民族学派”和“经院学派”（又称“普鲁士军事学派”）两股军事思潮的斗争，[②] 俄罗斯战略防御思想正是在此背景下形成与发展起来的，该历史时期战略防御思想的代表人物有彼得一世、П. А. 鲁缅采夫（Пётр Александрович Румянцев）、А. В. 苏沃洛夫、М. И. 库图佐夫、Н. П. 米赫涅维奇、А. А. 涅兹纳莫夫等。

---

① 吴春秋：《俄国军事史略（1547—1917）》，北京：知识出版社，1983 年版，第 398—413 页。

② 18 世纪至 20 世纪初俄国军事思想发展史上，存在“经院学派”（академическая）和“民族学派”（русская）两种军事思想学派的斗争。前者倾向于盲目地照抄西欧军事体系的模式和军事思想，而后者则主张不能机械地仿效国外的军事战略思想、规则和方法，要求放弃所谓“西欧的、经典的”军事理论与实践准则，并试图依靠自己的力量来揭示作为科学的战略的内容和特点，总结出符合本国军事实践的战略规则、样式和方法。

俄罗斯军事史上，最早的战略防御思想形成要追溯到18世纪初俄瑞北方战争期间，彼得一世是第一个成功运用战略防御打败强敌的俄国军事思想家。1709年，他在波尔塔瓦会战中运用战略防御的思想打败了当时欧洲号称最强大的军事力量——瑞典战术家查理十二率领的瑞典军队，取得了北方战争中决定性的胜利。

1812年卫国战争中，M. И. 库图佐夫将俄国的军事战略提高到新的水平，他是19世纪俄罗斯战略防御思想的集大成者。他的由攻转守、由守转攻的战略思想使俄军抛弃了以前"一次性总决战决定战争胜负"思想，他提出灵活使用各种战略行动类型，成功地运用战略防御使此前在欧洲战无不胜的拿破仑军队遭到战略性的失败。

彼得一世、库图佐夫都在自己的军事统帅生涯中成功地运用战略防御，这两位杰出的俄国军事统帅，两次巧妙地运用战略防御，使俄军在世界军事史上留下了彪炳的战绩。П. А. 鲁缅采夫[①]、А. В. 苏沃洛夫[②]等其他俄国军事统帅也都特别重视战略防御的作用，在军事实践中多次采用积极的战略防御。

19世纪到20世纪初是俄罗斯军事思想发展史上最重要的时期之一，同时也是其战略防御思想发展的重要时期。该时期俄罗斯军事战略的理论研究得到了长足的发展，俄罗斯"民族学派"的理论研究日渐活跃，1832年，俄国皇家军事学院（1855年起改称为帝俄尼古拉总参谋部军事学院）成立，它成为俄国军事思想研究的中心。

---

① П. А. 鲁缅采夫重视正确处理进攻与防御的关系，在兵力兵器不足的情况下，他常常能及时地组织积极的防御。他从来不单纯把进攻作为向前推进，他将坚决性、预见性和谨慎相结合，他曾说："我坚决奉行的原则是：如果自身没有可靠的保障，决不大步向前推进。"（转引自吴春秋：《俄国军事史略（1547—1917）》，原文参见《鲁缅采夫文件与资料汇编》，莫斯科，1947年，第85页。）

② А. В. 苏沃洛夫反对采用当时惯用的消极防御方法，始终组织积极防御，他所指挥的金布恩之战作为积极防御的经典战例被载入了史册。（转引自吴春秋：《俄国军事史略（1547—1917）》，原文参见 А. А. 斯图罗科夫：《军事艺术史》。第1卷，第585页。）

俄国军事活动家和军事理论家摒弃了所谓“经典的”军事理论与实践准则，他们从军事斗争的实际情况出发，探讨了军事战略的相关问题，总结和阐释了关于战争的性质、战略行动的规则、样式与方法等一系列问题，以 Н. П. 米赫涅维奇、А. А. 涅兹纳莫夫、А. Г. 叶尔恰尼诺夫（А. Г. Ерчанинов）等为代表的“民族学派”军事理论家在其学术著作中详细阐述了战略防御的地位和作用、基本原则、组织与实施战略防御的方法等问题，他们对战略防御思想的发展做出了巨大的贡献。

一、彼得一世的战略防御思想：战略防御思想的鼻祖

俄罗斯军事历史学家普遍认为，彼得一世是俄国军事思想发展史上“民族学派”的奠基人，他的军事思想体现着极其浓厚的进攻色彩，其军事战略的基本原则就是“到敌人的土地上去找敌人”。但大量的历史材料都表明，彼得一世的军事思想中同样包含着积极战略防御的思想，尤其是在面对强大的对手或者敌强己弱的情况下，他十分重视战略防御的作用，主张实施诱敌深入，以“小战”袭扰、消耗和疲惫敌人，为最后的反攻歼敌创造条件。从某种意义上来说，彼得一世是俄罗斯军事历史上第一个成功运用战略防御打败强敌的军事思想家，因为正是他率领俄罗斯军队打败了当时号称欧洲最卓越战术家查理十二世率领的瑞典军队。

彼得一世的战略防御思想主要运用在俄瑞北方战争（1700 年—1721 年）的波尔塔瓦会战中，波尔塔瓦会战是俄瑞北方战争的转折点，是俄军由战略防御转向战略进攻的开始。此次会战体现了彼得一世巧妙运用战略防御的军事艺术，表明彼得一世的军事思想并不完全是战略进攻，同时对战略防御也有相当成熟的认识，因为它是彼得一世一生戎马生涯中为数不多的先采用战略防御尔后转入战略

进攻的战争。[1] 彼得一世的战略防御思想主要体现在以下四个方面：

（一）根据战场形势，及时转入战略防御

俄军之所以在波尔塔瓦会战（1709 年 7 月 6 日）中取得胜利，与战前正确判断战略形势、及时转入战略防御有着密切的联系。1700 年 11 月，北方战争开战不久，俄军就遭到了纳尔瓦初战失利。尽管 1701 年俄军又恢复了对波罗的海的战略进攻，并于 1701—1704 年相继占领了波罗的海沿岸的瑞典要塞，随后沙皇俄国虽然迁都到了彼得堡，表明了向西扩张的决心，但彼得一世所推行的军事改革尚未完成，事实上俄军的军事实力远没有做好同瑞军决战的准备。此外，国际局势对俄国也十分不利。1704 年，沙俄的盟国波兰国内陷入了混乱，国内分裂成“支俄派”和“支瑞派”，最后在瑞典的施压下，波兰国王奥古斯特二世同瑞典秘密议和，退出了反瑞军事同盟，俄国成为当时瑞典唯一的敌人，瑞典国王查理十二世可以专心对付俄国，当时的战略形势对俄国极为糟糕。

俄国军事统帅彼得一世正确评估了当时的战略态势，认为俄军若继续进攻下去，必然会遭到重挫。随即他命令俄军迅速从波兰的奥列谢克、吕恩尚茨、德尔帕特、雅姆、科波雷以及纳尔瓦和伊凡

---

① 波尔塔瓦位于沃尔斯克拉河右岸，是北上通往莫斯科的战略要地。瑞典国王查理十二企图攻占波尔塔瓦，聚歼俄军于此地，打开北上的道路。1709 年 5 月 11 日，瑞军开始围攻波尔塔瓦。彼得一世对此事先已有准备，城内守军先后成功抵挡了瑞军发动的十余次强攻，牵制瑞军长达 2 个月之久，为决战赢得了必要的准备时间。1709 年 7 月 6 日，彼得一世根据当时战略形势，认为决战条件已经成熟，率俄军主力进至距波尔塔瓦 5 千米之雅科夫策村以北，连夜构筑防御阵地，准备接敌。双方军事实力对比如下：俄军 4.2 万人，72 门火炮；瑞军 3 万人，4 门火炮（32 门火炮因缺弹药无法使用）。会战过程如下：1709 年 7 月 8 日凌晨 2 时，瑞军向俄军实施突然袭击，摆开战斗队形。俄军前卫缅希科夫部率先接敌。3 时许，双方在前沿阵地上展开激战，俄军依托事先构筑的防御工事牵制并大量毁伤敌军，为主力出动争取了时间。4 时许，俄军主力准备完毕，向瑞军发起进攻。瑞军受挫，一部向波尔塔瓦森林逃跑，另一部撤至俄军阵地右前方的森林地带，俄军追进，双方摆开阵形在开阔地展开激战。俄军步兵成两线部署，骑兵配置在两翼（左翼 2 个团，右翼 11 个团），火炮摆在第一线，9 个营作为预备队；瑞军步兵成一线配置，骑兵在两翼，成两线配置。9 时，双方投入白刃格斗。俄军骑兵包抄瑞军两翼，对其后方造成威胁，瑞军从退却转入溃逃，11 时，会战结束。

哥罗德等地撤回，并提出要同瑞典议和，答应将除因戈里亚以外的所有占领领土全部归还给瑞典。但由于瑞典国王查理十二世不甘心让俄国进入波罗的海，拒绝了俄国的和谈要求，欲征服而后快，在此情况下，俄军及时地从战略进攻转入战略防御，开始积极备战波兰军队的入侵。

（二）制定诱敌深入的战略方针

1701 年 1 月，俄军在利沃夫附近的诺尔基镇附近召开了军事会议，研究针对瑞典军队进攻的作战计划。会议上，彼得一世采纳了俄军元帅谢列梅季耶夫提出的下一阶段的战略防御计划，即俄军主动从波兰向俄国本土实施战略退却，诱敌深入，同时以零打碎敲（“小战”）的办法不断袭扰、消耗和疲惫敌人，以后在俄国境内选择适当的战机进行决战。彼得一世下令从普斯科夫到斯摩棱斯克一线采取全线防御措施，构筑工事，破路拆桥，实行坚壁清野，通知居民转移重要的物资（粮食、牲口等），当时俄军统帅对瑞典军队的进攻做了最坏的打算，甚至要求莫斯科居民也有所准备。[①]

（三）在主要方向实施战略防御，同时在个别方向或地区实施积极的、坚决的进攻

彼得一世指挥军队在组织与实施战略防御的过程中，并没有一味地采取退却和防御，而是在个别方向或地区实施了积极的进攻，俄军充分利用查理十二世孤军深入、不熟悉周边地形的弱点，通过不断的“小战”及组织沿途居民来袭扰、消耗和疲惫敌人，遇到适当战机时，则坚决向敌人发动进攻。1708 年 10 月，彼得一世识破瑞典将领雷文豪普特率领武器弹药和粮秣补给部队企图同查理十二世的主力部队会合后，亲自率领临时组建的一支“飞行军”（龙骑兵 7000 人，乘马步兵 5000 人），截击雷文豪普特部队，并在列斯纳亚村展开激战，此役双方参战兵力各达到 1.6 万人左右，最后以俄军

---

① 转引自吴春秋：《俄国军事史略（1547—1917）》，北京：知识出版社，1983 年版，第 63 页，原文详见《俄国军事文选》，第 137—138 页。

胜利而结束，瑞军伤亡 8000 余人，火炮和 8000 车辎重全部损失，瑞军遭受重大打击，战斗力大为削弱。此次战斗的胜利一举奠定了波尔塔瓦会战胜利的基础，彼得一世甚至将此役称为“波尔塔瓦胜利之母”。①

（四）选择有利地形，构筑稳定的战略防御体系，借助炮兵火力最大程度地毁伤敌军

波尔塔瓦会战前夕，彼得一世率俄军主力前出至距波尔塔瓦 5 千米之雅科夫策村以北的阵地，此处阵地背靠密林和陡峭河岸（伏尔斯科拉河），正面和左右翼均为开阔地，俄军昼夜构筑工事，修建 10 个多面堡，其中横 6 个，纵 4 个，布成“丁”字形，建立隐蔽的炮兵阵地，构成防御体系，通过前沿阵地消耗和疲惫敌军，为俄军主力出动争取时间。在会战进行过程中，前沿防御阵地的确发挥了很大的作用，大大毁伤了敌军，延缓了敌军的进攻势头，为主力转入反攻争取了时间。

不可否认，彼得一世军事思想的主要特征是“强烈的进攻性”，战略防御只是其军事思想一个微小方面。彼得一世在对外扩张过程中，同样曾因轻视战略防御而犯下瑞典查理十二世在俄国所犯的错误，吃了败仗。1711 年夏季，彼得一世错误地估计了战略形势，亲率俄军主力 4 万，向多瑙河下游孤军冒进，准备进攻土耳其。当察觉战场态势对己不利时，彼得一世并没有听从部下提出的及时撤退的建议，遭到了土耳其军队和克里米亚军队的合围，结果兵败于普鲁特河畔。

二、М. И. 库图佐夫的战略防御思想：战略防御思想的集大成者

米哈伊尔·伊拉里奥诺维奇·库图佐夫（Михаил Илларионович

---

① 转引自吴春秋：《俄国军事史略（1547—1917）》，北京：知识出版社，1983 年版，第 65 页，原文详见捷尔普霍夫斯基，《北方战争》，第 178 页。

Кутузов）不仅是沙皇俄国时期著名的军事统帅，而且是创造性地解决最复杂军事理论问题的军事思想家。他的军事思想对俄国军事学术最大的贡献在于其对战略防御地位和作用的正确认识以及对反攻理论的发展，防御行动在 М. И. 库图佐夫统帅的军事实践中占有重要位置，并且发挥过重大作用。М. И. 库图佐夫一生所取得的胜利多半是在不利的条件下，同兵力占优势的敌人进行作战取得的，大都经过了由防御到反攻的过程，其中最大的胜利莫过于 1812 年卫国战争期间抗击法国拿破仑战争的胜利。

事实上，М. И. 库图佐夫的战略防御艺术之所以得到不断的提升和发展同其面对的敌人（拿破仑军队）军事实力过于强大有关联，它正是在这种进攻与防御的高强度对抗中发展到新的高度，从而对俄国军事艺术的发展产生了极其深远的影响。

1805 年 10 月，М. И. 库图佐夫首次对拿破仑作战，曾经实行大踏步的退却，成功地保存了俄军的实力，但没有发展到反攻。

1805 年 11 月，奥斯特里茨会战之前，М. И. 库图佐夫认为决战时机并不成熟，反对同拿破仑军队在奥斯特里茨展开会战，他建议沙皇亚历山大一世继续后撤至喀尔巴阡山脉地区，从而与俄国增援部队会合，形成兵力优势后再实施反击，他说："愈是引诱拿破仑深入，他就愈削弱，脱离其预备队愈远，我将在加里西亚腹地打断法国人的脊梁骨。"[①] 沙皇亚历山大一世非但没有听从 М. И. 库图佐夫的建议，反而剥夺了其指挥权，结果直接导致奥斯特里茨会战的失利，成全了拿破仑"战略上的奇迹"。[②]

1812 年 8 月卫国战争的危机时刻，重新出山的 М. И. 库图佐夫展示了自己高超的军事艺术，实施了更大规模的战略防御和战略退却，最终获得了反攻歼敌的巨大胜利，打败在欧洲不可一世的拿破

① 转引自吴春秋：《俄国军事史略（1547—1917）》，北京：知识出版社，1983 年版，第 160 页，原文详见别斯克罗内，《统帅库图佐夫》，第 81—82 页。

② 恩格斯曾指出："奥斯特里茨战役是战略上的奇迹，只要战争还存在，这次战役就不会忘记。"（转引自：《马克思恩格斯全集》，俄文第 1 版，第 11 卷，第 2 册，第 565 页。）

仑军队，充分显示出在反对强敌入侵的战争中战略防御的巨大作用。

军事科学院吴春秋研究员认为，“M. И. 库图佐夫式的战略防御”主要有以下几个特点：一是在敌强己弱的情况下，不片面强调进攻，重视战略和战役上的防御，必要时实施大踏步的退却，避免不利决战，以便保存实力，争取时间，疲惫敌人，改善态势，然后在有利时机转入反攻；二是从战略退却到战略反攻的整个过程中，采取积极防御，而不是消极防御；三是不依靠一两次决定性的会战解决战争的全局，而是逐步消耗敌人；四是把“大打”和“小打”结合起来，正面行动和敌后袭扰结合起来；五是把几个相距遥远的战略方向的行动统一起来，最后达到围歼敌人的总目标。[①]

（一）摒弃“总决战”战略，强调战略防御的地位和作用，将战略防御与战略进攻灵活相结合

以 M. И. 库图佐夫为代表的“民族学派”军事家们没有对拿破仑时代的“总决战”[②] 战略盲目崇拜，也没有步入西方“经典”军事学术的后尘。他们从武装斗争的实际出发认为，较前一时期相比，战争的性质和类型已经发生了变化，“总决战”战略并不完全符合各国人数不断增长的庞大军队武装斗争的特点，同时军事行动范围（战场）急剧地扩大，因而在战争进程中也就出现了不断增强兵力的新的可能性，战争的结局不可能由一次总决战来决定。他提出必须采用更加灵活的战略，即把总决战同多种多样的斗争形式结合起来，甚至包括游击战，根据战场态势，合理采用军事行动的方法，当处于不利形势时，可以选择战略防御，乃至退却。

M. И. 库图佐夫提出粉碎敌人的决心和方法可能是灵活多样的，其战略的重要特点之一就是灵活性，进攻并非时时处处是万灵的，

① 吴春秋：《俄国军事史略（1547—1917）》，北京：知识出版社，1983 年版，第 155 页。

② 18 世纪末 19 世纪初，是“总决战”（генеральное сражение）战略盛行的时期，以拿破仑为首的法国资产阶级军队凭借此战略在欧洲几乎是战无不胜、攻无不克。通过一次或数次决定性交战击溃敌军，从而改变战局或整个战争的结局，是拿破仑战略的核心内容。它在很长一段时间内被西欧各国军事家们奉为经典、一成不变的作战法则，在军事行动中占据了主要地位。

有时候采取战略防御是必须的，尤其是面对强大的战略对手时，可以在不同的阶段采取战略防御和战略进攻。1812 年卫国战争中，面对法国拿破仑咄咄逼人的态势，M. И. 库图佐夫曾命令俄军作大踏步的战略退却，甚至包括博罗迪诺会战都是“为了平息宫廷、军队和全国的呼声而被迫组织的”，按照 M. И. 库图佐夫本人的意愿是要继续退却、继续实施战略防御的。博罗迪诺会战之后，M. И. 库图佐夫力排众议，主张撤出莫斯科，保存实力，择机转入反攻破敌，他曾说：“只要军队还存在，并且出于抗击敌人的状态，那我们就有胜利结束战争的希望。如果军队被歼灭，则莫斯科和俄国都将完蛋。”① M. И. 库图佐夫的决策是建立在对战争性质和进程正确的判断、建立在对战略防御行动正确理解的基础之上，采取如此大规模的战略防御行动在俄国军事学术史上是十分罕见的，体现了大师级战略家所具有的非凡胆识和智慧。克劳塞维茨在谈到 1812 年俄军战略防御和战略退却行动时，反复指出：“俄国如此之大，可以同敌军玩‘猫鼠游戏’。其对优势兵力之敌的防御思想基本上应以此为根据。”②

M. И. 库图佐夫指出，战略防御并不是特殊的战略目的，而只是作为必要的手段，以便有可能为尔后的战争创造更为有利的条件。采取战略防御的目的就是为了转守为攻，采取战略防御的过程中应当做好积极进攻的准备，防御行动必须是积极的，而不是消极的防御。当战场态势出现对己有利的变化时，则要求军队迅速转入“坚决的”、“猛烈的”进攻，“只有歼灭敌人才能保证全胜”。M. И. 库图佐夫曾说过：“我们退出莫斯科，就是给敌人安排不可避免的灭亡。”③ 军队的一切行动，无论战略进攻还是战略防御，都是为了达成一个主要的、最终的战略目的——歼灭敌军，消灭敌人的有生力量。

---

① 转引自别斯科罗夫内：《1812 年卫国战争和库图佐夫的反攻》，第 78 页。

② 转引自克劳塞维茨：《1812 年》，第 84 页，第 110 页。

③ 转引自斯特罗科夫：《军事学术史（资本主义社会）》，第 204 页。

M. И. 库图佐夫对战争性质与进程的预测、对防御行动的阐释在当时完全是一种崭新的思想，它是建立在与变化了的历史条件相适应的新作战样式和方法基础之上，相比西欧的所谓“经典”、“总决战”战略具有无可比拟的优越性。令人遗憾的是，他的思想并没有得到大多数人的认可和承认，这些人受当时几十年军事学术实践，特别是拿破仑取得胜利的影响很深。某些俄国的军事理论家们甚至称 M. И. 库图佐夫为“退却将军”，因为当时沙皇俄国军事家们认为，防御和退却完全是一种耻辱，同以往提倡的“积极猛攻”的战略精神完全背道而驰，他们只看到了行动的防御性，却不究其采取防御行动的原因，也不能理解采取暂时防御行动所产生的结果。

（二）强调战术防御对战略防御的关键作用，重视战术防御的组织与实施

与当时西欧军事统帅的观点不同①，M. И. 库图佐夫认为战略同战术是不可分割的，两者是相辅相成的，战争的胜利不能只靠一两次总决战，要靠一系列战斗才能夺取，战术的作用无限增强，其范围大为扩大，作战方法多种多样。M. И. 库图佐夫关于战略防御组织与实施的思想和观点是与其战术防御思想密切相关的。事实上，M. И. 库图佐夫的时代已经出现了军事学术中的新现象——“战役”的萌芽，只是当时的军事家们尚未真正意识到它的存在和意义，因此，M. И. 库图佐夫的战略防御思想的一个重要特点是战术防御思想同战略防御思想紧密相连，具有较强的战术特点。

1. 根据地形特点，预先选择有利的防御阵地，掌握战略主动权

M. И. 库图佐夫主张，阵地的选择不仅要考虑到战略上是否合

---

① 西欧军事理论家对战略和战术任务区分严格，当时认为战略的职能实际上仅限于创造向战场集中和调配军队的有利条件，尔后的全部作战任务交由战术承担，并应通过一次总决战打开战局或整个战争的局面，战术在当时具有决定性的意义，战术胜利在军事学术中居于首位，总决战是战术胜利发展的结果，是战术发展的最后阶段。法国军事家约米尼曾经指出：“战略指导军队到达作战地幅的决定点上，准备交战的胜利，并预先决定交战的结果。但要获胜，还得靠战术，而且必须再加上勇气、天才和幸运等因素。”（约米尼，《军事艺术概论》第 2 卷，苏联军事出版局，1939 年俄文版，第 3 页。）

适、兵力和兵器能否完全展开，而且要充分考虑地形条件，地形在很大程度上决定了军队的部署和运用。1812 年卫国战争中，俄军之所以选择博罗季诺作为阵地，是因为“它掩护着通向莫斯科的要道，可保障建立纵深战斗队形，排除敌向两翼迂回的可能性，使各兵种的作用得到有效发挥，实现协同协作，并能自如地在战场上实施机动作战，同时岗峦起伏的地形的右翼有莫斯科河，前方有科洛恰河，可以限制拿破仑军队机动”。[①] 从某种意义上，俄军选择博罗季诺进行会战已经先发占据了主动权，迫使拿破仑在对其不利的地形上交战。

2. 高度重视构筑坚固的阵地工事

M. И. 库图佐夫认为，坚固的工事构筑可坚定防御的信念，减少因敌炮火袭击对军队和兵器造成的损失，对军队完成任务起到很大作用。18 世纪后半叶的战争中，西欧各国对防御阵地的工事构筑并未予以足够的重视，拿破仑的军队因极少进行防御，对军事工程学更是不屑一顾。M. И. 库图佐夫则考虑战斗性质的不断变化和火器作用的不断增强，特别重视阵地的工事构筑，加强了对工事构筑的研究。当时俄军防御阵地的基本工事主要有以下几种土木筑垒：多面堡、眼镜堡和钝角堡，它们既适用于炮兵，也适用于步兵，可构成环形防御，在多面堡之间构筑有猎兵用的堑壕。

博罗季诺交战过程中，俄军在防御阵地构筑了一系列重要防御工事：在右翼，俄军在马斯洛沃村附近构筑了土质工事群——多面堡和眼镜堡群（即马斯洛沃工事），可配置火炮 26 门；在戈尔基北面和西面的高地上，配置了 4 个炮兵连，共有火炮 32 门；在阵地中央的库尔干纳亚高地上构筑了供拉耶夫斯基炮垒 18 门火炮使用的工事，掩护俄军阵地西面和西北面的接近地。在左翼，谢苗诺夫村附近构筑了 3 个工事（巴格拉季昂钝角堡群），共有 36 门炮的炮位，

① П. А. 日林等著，金辉等译：《库图佐夫：生平及统帅业绩》，北京：商务印书馆，1989 年版，第 310 页。

这些钝角堡掩护着阵地西面和西北面的接近敌。[①] 在阵地前方，在舍瓦尔季诺村构筑了一个多面堡作为它的前进支撑点，所有这些筑垒在防御过程中发挥了极大的作用。

3. 采用纵深配置的战斗队形，组织骑兵、炮兵、步兵之间的密切协同动作

在 M. И. 库图佐夫统帅的实践中，俄军主要使用纵深配置的战斗队形，它是建立在对射击武器不断改进，特别是火炮的改进基础之上的。俄军纵深配置的战斗队形比线式布势的战斗队形纵深要增大近 10 倍（线式布势的战斗队形纵深非常小，一般不超过 300—400 米），它可以使防御更加具有稳定性和主动性，确保部队在战场实施广泛的机动，开展部队间的协同作战，实施密集的火炮射击，以及对敌进行突然的、强大的反突击。

博罗季诺会战中，俄军的战斗队形由射击兵散兵线、两条步兵纵队线、两条骑兵线和预备队组成，每个步兵军中有两个师相近配置，各师成团纵队配置；步兵团排成二线的营纵队队形，纵队与纵队之间留有 200—250 步的间隙，在距步兵 300—400 步之后，配有成两线展开队形的骑兵连，方便骑兵在行进间转入冲击；团炮兵配置在第一线和第二线步兵纵队之间和两翼；预备队位于骑兵 600—800 米之处。根据战斗队形布势，当正面宽度为 8 千米时，每千米正面的战术密度：右翼和中央为 15000—16000 人，左翼为 12000—13000 人，战斗队形的总纵深已达到 4 千米。

M. И. 库图佐夫善于利用步兵、骑兵和炮兵的战斗力，组织各兵种的协同动作，充分发挥它们在防御行动中的战斗力。18 世纪末 19 世纪初期，交战不再是纯属步兵性质的交战，炮兵、骑兵都参加到会战当中，战争的胜败在很大程度上取决于三个兵种的密切协同。步兵人数数量最多，交战过程中是组织与实施防御的主要力量；骑兵主要是军队机动兵力，以大规模部队（主要是以军为单位）抗击

① 中国人民解放军军事科学院译：《苏联军事百科全书·军事历史卷（下）》，北京：解放军出版社，1986 年版，第 162 页。

敌人进攻，或者在脱离军队主力的情况下，配合游击队或独立地与敌交战；炮兵在防御行动中发挥最重要的作用，主要负责保障步兵坚守基本防御阵地，火力毁伤敌军。炮兵配置在高地上，视界开阔，便于长时间瞄准射击，并得以坚守防御阵地中最重要的支撑点，集中使用炮兵对敌有生力量进行射击，并为自己部队进行反冲击做准备。博罗季诺会战证明，集中使用炮兵对敌有生力量进行火力毁伤，被证明是“十分可行的和有效的”，М. И. 库图佐夫在博罗季诺交战的报告中提及到：“我炮兵……动用全部炮弹对敌猛轰，敌损失惨重；敌炮兵连也被打得哑然无声，敌全部步兵和骑兵便撤退了。”①

4. 广泛而积极地进行兵力机动和变更部署，使军队占据有利态势，对敌实施突击或反突击

战略防御的组织与实施过程中，М. И. 库图佐夫特别重视旨在为军队创造更加有利条件而广泛采用机动的作用和意义，他常常根据统一的战略计划为达成一致的目的而进行许多的机动和变更部署，机动的目的是使自己的军队占据最有利的态势，以便对敌实施突击或者反击敌之冲击。当处于不利的形势下，俄国军队在同敌人进行总决战之前常常首先采用复杂的机动，如 1805 年从布劳瑙至奥洛穆茨的机动和 1812 年塔鲁季诺机动。从其规模和意义上说，均属于战略范围的机动，正是这些机动的实施，战局发生了根本性的变化，敌军处于劣势，俄军则获得了展开主动进攻的可能。②

М. И. 库图佐夫曾广泛地利用机动和变更部署。博罗季诺会战中，俄军统帅部命令普拉托夫哥萨克团和乌瓦洛夫骑兵军对法军左翼实施机动与突袭，破坏了法军早已准备好的冲击，使敌人左翼受到威胁，迫使拿破仑向突破点调派部分兵力，俄军利用敌军仓皇失措之机，从右翼和预备队抽调部队加强了左翼和中央，此次机动对

① П. А. 日林等著，金辉等译：《库图佐夫：生平及统帅业绩》，北京：商务印书馆，1989 年版，第 309 页。

② П. А. 日林等著，金辉等译：《库图佐夫：生平及统帅业绩》，北京：商务印书馆，1989 年版，第 291 页。

总决战的进程产生了巨大的影响。交战过程中，俄军骑兵和步兵在正面同样实施过机动。步兵第 2 军被调往乌尔察地域，步兵第 4 军和骑兵第 2 军被调往拉耶夫斯基炮兵连地域，部分团队从预备队调往中央和左翼。

5. 建立强大的战略预备队，不到决战的关键时刻，坚决不使用战略预备队

M. И. 库图佐夫的战略防御思想，十分重视预备队的建立与使用。他认为，组织与实施战略防御的过程中，建立预备队具有重大的战略意义，战略预备队能为夺取战争的胜利起到重大作用。他提出一条重要原则："要尽可能持久地保持预备队，凡为将者麾下握有预备队，即可立于不败之地。"① 同拿破仑的观点截然相反，M. И. 库图佐夫认为战争的结局不能毕其功于一役，而是取决于多次交战的结果，为赢得交战的胜利，必须以新锐的预备队补充和加强军队。

1812 年卫国战争期间，M. И. 库图佐夫担任总司令不久就注意到俄军兵力不足，指出必须在后方建立和训练大量的预备队。根据他的建议，沙皇俄国政府从全国各地征集兵员，分别组建了步兵预备队、骑兵预备队和炮兵预备队，极大程度地增强了俄军的后备实力，为俄军由战略战略防御转入战略进攻提供了坚强的军事力量保证。

博罗季诺交战是调派强大预备队和巧妙利用预备队最具有代表性的范例，俄军的作战布势中设有总预备队和局部性的预备队：俄军右翼预备队是乌瓦洛夫的骑兵第 1 军和普拉托夫的 9 个哥萨克团；左翼预备队是近卫第 2 师和胸甲骑兵第 2 师、二个炮兵连和一个工兵连；在中央克尼亚济科沃村地域配置总预备队，主要是由步兵第 5 军和胸甲骑兵第 1 师编成。预备队的编成中包括步兵、骑兵、炮兵和工程兵分队，它们可以不间断地以新锐兵力进行战斗补充，实施大胆而坚决的机动，并对交战进程予以及时的推动，同时 M. И. 库

① П. А. 日林等著，金辉等译：《库图佐夫：生平及统帅业绩》，北京：商务印书馆，1989 年版，第 295 页。

图佐夫命令不到交战的关键时刻不得使用预备队。建立强大的诸兵种合成的总预备队和局部性预备队，并巧妙而审慎地加以使用，在很大程度上决定了博罗季诺交战的胜利结局。苏联军事家 П. А. 日林在《库图佐夫：生平及统帅业绩》中评价时写道："像这样组建起来的预备队以及它们战争中所发挥的重大作用，在西欧军队中是前所未闻的，М. И. 库图佐夫是第一位把战略预备队体系当作经常有效地补充军队和在进攻时壮大兵力的源泉的军事统帅。"①

1812 年卫国战争是库图佐夫战略防御及战略反攻艺术的卓越范例，他把俄国军事艺术发展到了更高、更新的水平，他的统帅艺术使西方认为不可动摇的拿破仑战略原则彻底破产，他雄辩地证明了当时沙皇俄国军事学术比西欧各国军事艺术的优越性，但是 19 世纪沙皇俄国贵族资产阶级的官方历史文献，不仅没有对这位天才统帅的历史功绩予以足够的、正确的评价，反而力图加以贬低，将库图佐夫仅仅说成是沙皇亚历山大一世"天才"计划的有才干的执行者，所有胜利的功劳都归功于沙皇，甚至有军事历史学家将库图佐夫讥讽为"退却将军"。直到苏联时期，库图佐夫的军事天才才得到苏联军事学界的承认，苏联军事科学界对他当时在战争性质上所持的观点给予了足够的评价。由此可见，沙皇俄国时期的军事战略"从骨子里、从血液里"是排斥战略防御的，纵然是库图佐夫的战略防御曾经挽救了俄罗斯民族甚至整个欧洲的历史命运。

三、Н. П. 米赫涅维奇的战略防御思想：战略防御的理论家

俄罗斯"军事学派"的代表、功勋教授、步兵上将 Н. П. 米赫涅维奇是 19 世纪末 20 世纪初"俄国最了不起的军事理论家"②。他

---

① П. А. 日林等著，金辉等译：《库图佐夫：生平及统帅业绩》，北京：商务印书馆，1989 年版，第 297 页。

② 转引自俄联邦武装力量总参军事学院军事战略专业教材：《军事战略教程》，2004 年版，第 38 页。

先后撰写了30多部关于军事理论的著作，其中最具有代表性的著作是《战略》（Стратегия）一书。1899—1901年他的两卷本战略教程问世，[①] 基本上取代了曾在战略领域统治了半个世纪的Г. А. 列耶尔的战略教程，[②] 该书专门开辟了章节阐述战略防御问题，作者的观点基本上代表了当时俄国战略防御思想中最精华的内容。

（一）战争漫长、激烈的性质决定了军队必须重视战略防御的地位和作用

Н. П. 米赫涅维奇的战略防御思想是同他对未来战争的性质与实施战争的方法紧密相连的。19世纪末20世纪初，战争的性质和实施战争的方法发生了质的变化，围绕此问题，俄国军事学术界"经院学派"与"民族学派"展开了激烈的争论[③]，与各国总参谋部内占统治地位、主导地位的关于未来战争速决性的观点相反，作为俄国军事学派的代表人物的Н. П. 米赫涅维奇认为，未来的战争将是全民族的、数百万军队、各种部队参加的战争，在未来战争中一两

---

① Н. П. 米赫涅维奇著《战略》（第1、2卷，1899—1901年版），该教科书先后印刷4版，按照军需学院院长的约定，1913年米赫涅维奇编写了新的教程《战略原理》，这本著作是第一次世界大战前和十月革命前最新的一部战略教程。

② Г. А. 列耶尔1869年发表的《用历史批判观点研究战争规律的经验（积极的战略）》是19世纪中期俄国军事理论家关于战略问题的经典之作，其主要思想在俄国战略领域统治了近半个世纪。书中关于战略的主要观点是：战争是有特殊规律支配的社会现象，同政治有着密切的联系，政治起着决定性作用，他批判了劳埃德和比洛的"警戒线战略"、约米尼和梅杰姆的"决战"战略，首次论证了19世纪军事学术中的新现象——战略性战役，并认为这是战争或战略的一个部分。列耶尔战略思想的局限之处在于形而上学地把军事学术的规律和原则视为永恒不变的教条，片面夸大了拿破仑战争的经验在军事学术中的作用，将军事战略理论与军事科学混为一谈，认为战略是囊括所有战争问题的"总结论和哲学"。

③ 两派的军事理论家们都认为未来的战争将具有联盟战争的性质，将是由数百万军队参加的、联盟的战争，但他们在战争的性质与进程上却产生了重大的分歧。一派认为，未来的战争将是漫长的、激烈的。帝俄总参军事学院中校A. A. 古列维奇认为，即将爆发的战争将具有"顽强的、持久的"性质，将耗费巨大的人力和物力，它将是整个欧洲的战争，参加的人数将达到约1900万。另一派则认为，战争将是短暂的、快速的。与西欧的军事理论家们的观点相同，俄国"传统军事学派"军事理论家们认为，未来的战争将只持续几个月的时间，最多不超过一年时间，E. 3. 巴尔苏科夫认为，"在一年的时间内，战争双方的实力将耗尽，他们将被迫达成停火协议"。

次交战就获得胜利是不可能的。即使在交战中消灭了敌人的军队，也还不至于使敌人彻底失败，因为欧洲大国巨大的潜力可以使其较迅速地重新组建新的军队以继续作战。战争将具有漫长的、激烈的性质，战争将不仅是同敌人进行的，而是同整个民族进行的，他的这一预见已在1914—1918年第一次世界大战的过程中得到了证实。

Н. П. 米赫涅维奇研究了未来战争初期可能的特点后作出的结论是，对于国家和军队来说，在平时就必须做好经常的、高度的动员准备，要高度重视战略防御的地位和作用，这是生死存亡的大事。他指出，从1700年至1870年，共发生了110次不宣而战的战争，因此在平时就应制定战争计划，并使国家和军队随时处于高度的动员准备状态；军队的战略发展是战争初期的重要问题，军队的战略集中和展开是战争直接准备最重要的行动，并对尔后战争所有事件乃至结局产生影响，因为如果在这方面犯了错误，那么，在军事行动过程中纠正错误就要付出巨大的代价。《战略》一书中第一页就亮明了作者的观点："军事行动最理想的是在军队完成战略部署后展开，但还有更重要的问题需要解决，因为当大量军队集结于国境线时，可能先于完成战略部署前发动入侵，1866年的普鲁士战争就证明了这一点，军事行动完全有可能开始于战略集中和展开的前夕，因此，无论在任何情况和局势下，都应该提前对即将爆发的军事行动进行预测。"① Н. П. 米赫涅维奇指出，军队的展开应远离敌军，以避免在尚未做好准备时遭到敌人的突击，同时敌人将会在动员和展开的条件、时间上占优势，应广泛利用铁路运输先敌完成军队的集中和展开，并突然向敌人发起进攻，以破坏敌军的展开。

Н. П. 米赫涅维奇首次提出了关于战争、战争方法不仅取决于国家的对外政策，而且也取决于其对内政策、国家的政治制度和经济以及在经济上战争的准备等思想。他指出，只有夺取了"民众和

① Н. П. Михневич:« Стратегия », книга II. Часть I. Военные действия (операция). Часть II. Устройство тыла и снабжение армия. Комиссионер военно-учебных заведений. С-Петербург, Колокольная улица, дом № 14. 1910. стр. 1.

国家活动的中心”，即经济和政治中心，粉碎了敌人的武装力量，才可能导致完全的胜利，经济和道德因素对夺取战争的胜利具有重要的作用，“夺取战争的胜利已经不能仅仅依靠武装力量本身了，必须要在经济方面对敌占有优势，战争双方的精神和物质力量将决定未来战争的结局……在漫长的战争中，破坏了敌方国家的经济将会导致对方的溃败”。①

（二）战略防御的两条基本原则：广泛利用地形因素和牵制敌有生兵力（部队）

Н. П. 米赫涅维奇在《战略》中将战略防御和战略进攻视为进行战争最重要的两种样式，在进行战争的过程中不大可能会出现“经常的、处处的或单纯的”战略进攻或战略防御，最通常的情况是根据不同的战略目的，一部分军队在积极进攻，另一部分在进行积极防御，进行战争的过程中采用哪种战略行动样式要根据战场的态势来确定，如果在这个最重要的问题上犯了错误，那么必将导致不可挽回的后果，他还在《战略》中引用了拿破仑的原话来阐述战略进攻与战略防御的问题：“在战局开始之前，应当认真考虑战前态势，确定是采用进攻还是防御，但若一旦决定采用进攻，那么应把进攻进行到底，因为纵然不考虑己方士气的降低、敌方士气的高涨等因素，退却是相当危险的，并且会造成巨大的人力和物资损失，在双方的交战中，敌我双方可能会遭受同样的损失，但在退却中却是己方的损失要远远大于敌方的损失。”②

关于战略防御的基本原则，Н. П. 米赫涅维奇提出战略防御是“临时避免决定性的交战、在出现更加有利于进攻的态势前”而采取

---

① Н. П. Михневич：« Стратегия »，книга II. Часть I. Военные действия （операция）. Часть II. Устройство тыла и снабжение армия. Комиссионер военно-учебных заведений. С-Петербург，Колокольная улица，дом № 14. 1910. стр. 26.

② Н. П. Михневич：« Стратегия » книга II. Часть I. Военные действия（операция）. Часть II. Устройство тыла и снабжение армия. Комиссионер военно-учебных заведений. С-Петербург，Колокольная улица，дом № 14. 1910. стр. 4.

的军事行动样式，战略防御的组织与实施包括两个基本原则：一是广泛利用地形因素；二是牵制敌有生兵力（部队）。

Н. П. 米赫涅维奇将地形因素划分为两类：一是战术地形因素，即军队依托加固的据点和阵地；二是战略地形因素，即利用“战区”（театр военных действий）。他认为，战术地形因素是十分有利的，配置的工事可以使敌方处于相对艰难的境地，可以保存己方的大部分兵力免遭破坏；战略地形因素是利用“战争区”的纵深，对国家来说是一种“有极大破坏性的”手段，通常是在极端的情况下采用。

如果防御方建立强大的边境要塞并封锁铁路，那么进攻方试图突破要塞防御线，在很大程度上就变得十分困难。纵然是进攻方顺利突破，那么防御方同样可以利用国家的纵深，对突入纵深的进攻方的交通线开展积极有效的军事行动，在己方的国家内防御作战在很大程度上是十分有利的。

关于有生兵力（部队）的牵制问题，Н. П. 米赫涅维奇认为，通常是在进攻方占有优势时实施，在这种情况下，应根据战场态势选择退却的方向。他曾形象地描写道：“防御方部队应该像磁铁吸引铁块一样，牢牢地牵制进攻方的部队。”[①] 他还详细地分析了1812年卫国战争中战略防御的经验与教训，他写道：“举个例子说，如果再发生类似于1812年拿破仑入侵俄国的战争，那么俄国的军队应该从莫斯科作战方向向南撤退会更加有利，而不是1812年战争中向北撤退。因为南部有广阔的粮仓、大量的居住人口、众多军事院校以及广阔的退却空间，俄国军队应牵制敌人远离波罗的海沿岸，法军正是依靠波罗的海来输送必要的物资储备等。那样的话，俄军在东线的退却就不再危险了，因为西伯利亚可以成为粮食基地，喀山可以

---

① Н. П. Михневич：«Стратегия» книга II. Часть I. Военные действия（операция）. Часть II. Устройство тыла и снабжение армия. Комиссионер военно-учебных заведений. С-Петербург，Колокольная улица，дом № 14. 1910. стр. 24.

成为兵员储备地。”①

Н. П. 米赫涅维奇指出，并不是任何军队都能够做到长时间的、持久的退却，这需要很大的勇气和顽强的意志，“无数的历史表明，越是比较粗犷的民族越是擅长采取这种行动样式，例如俄国征服高加索竟耗尽了半个多世纪的时间……战争胜利的一方在经过长时间的防御后，会为战争所疲倦，而这种疲倦在有文化的民族的军队中会来得更快、更强一些”②。任何一支军队在承受巨大的军事压力时，军队的实力不是无限制增强的，而是逐渐减弱的，甚至包括取得斗争的胜利时。德国人的1870—1871年战争、俄国人1877—1878年冬季远征都证明了这一点，军队在战争后期都没有表现出战争初期的那种“能量”，1807年拿破仑的军队同样如此，拿破仑在结束了对普鲁士的战争后应当在冬季旋即开展对俄国人的战争，那时候俄国军队人数少，而且大都是新组建的军队，但是拿破仑却并没有那样做，作战行动停止了。赫尔岑在后来分析写道：“德国军事长官的最初想法是首先以防御疲惫拿破仑军队1806年秋季的远征，然后到了1807年春季联合尚未参战的俄国对拿破仑军队予以坚决的回击。应该说这种想法是好的，但是执行起来却完全是另外一种情况。”③Н. П. 米赫涅维奇基本上赞同赫尔岑的观点，他指出德国人的设想是正确的，但是却没有考虑空间和时间条件。当时普鲁士军队的“战区”纵深不超过500俄里，人数上少于拿破仑的军队，他们等到俄国人的到来需要坚持近半年的时间，如果当时考虑到这些因素，就不难发现普鲁士人的计划是不切实际的。

---

① Н. П. Михневич：«Стратегия» книга II. Часть I. Военные действия（операция）. Часть II. Устройство тыла и снабжение армия. Комиссионер военно-учебных заведений. С-Петербург，Колокольная улица，дом № 14. 1910. стр. 25.

② 此处作者的观点是把战略防御与民族性格联系到一起。他认为，越是那些粗犷的民族，其意志力和承受能力就更加顽强，可以长时间地、持续地遭受敌人的进攻打击。

③ Н. П. Михневич：«Стратегия» книга II. Часть I. Военные действия（операция）. Часть II. Устройство тыла и снабжение армия. Комиссионер военно-учебных заведений. С-Петербург，Колокольная улица，дом № 14. 1910. стр. 26.

Н. П. 米赫涅维奇提出，时间因素和空间因素在组织战略防御的过程中是十分重要的，防御一方应采用各种各样的方法尽量把战争拖延到出现适合进攻的时机，这种时机通常是指可以毫无风险地对敌人展开坚决地交战的时候。他分析到，以前曾出现过在本国领土外成功地长时间实施防御战争的情况，例如 1705 年和 1708 年彼得大帝同立陶宛和波兰作战期间。但现在看来，这种情况是不可能再出现了，因为军队的战略展开已经不是在边境线上开始了，边境地带通常能较好地准备各种工事，而防御一方若企图尽可能快地占领这些工事基本是不太可能了。

（三）依托边境地带地形特点，建立待机阵地，展开首次会战

Н. П. 米赫涅维奇认为，战略防御的组织与实施过程中，建立待机阵地，同进攻之敌展开首次会战具有特别重要的意义。待机阵地通常是根据边境地带地形因素的特点来确定，例如拥有构筑好工事的边境线，如同当时法国的边境线，防御一方的待机阵地可以就是国家的边境线。通常认为，在进攻方拥有人数优势的情况下，防御方可在边境线同敌人展开一系列的首次会战，因为进攻方借助当时的火力射击武器，若想对提前加固的阵地实施进攻是带有一定难度的。防御方的这种防御行动具有积极的性质，尤其是在缺少道路的地形中，进攻之敌在深入时将被迫采用纵深很长的纵队队形，在这种情况下进攻方的数量优势将没有任何意义，而防御方则可以开展积极的进攻，从而打乱进攻方的算盘，引起敌方的混乱，甚至有时会导致敌方行动的恐慌。总体来说，这种防御对防御方来说是十分有利的。

Н. П. 米赫涅维奇认为，对防御一方来说，持续地退却或者停留在原地是毁灭性的，因为在那种情况下不管道路多么梗阻，处于进攻的一方最终都能够利用时间来完成部队的集结，从而在有利的条件下展开进攻。为此，在任何情况下，防御一方都不应当固守“已知的、公开的”的阵地，而应对敌人纵队的先头部队展开冲击，然后将部队撤离至待机阵地，给进攻的敌人予以反击，但是这种攻

击不应当是特别长时间的、持续的，如果说无法转入进攻的话，那么就继续退却，直到出现新的支援力量或转机等。Н. П. 米赫涅维奇总结道："从阵地防御的目的出发，无论是防御还是进攻，运动总比停顿具有时间上的优势，那样的防御总是十分有利的，因为在组织防御的过程中，防御一方的军队总是处于高昂的士气中。"[①] 他指出，弗里德里希在七年战争（1756—1763 年）、拿破仑在 1796—1797 年的曼图亚会战、俄国军队 1812 年由边境撤至斯摩棱斯克的过程中都是采用上述的防御形式。

（四）根据情况以不同的样式实施战略退却

当军队不适合进攻或无法转入进攻时，应实施坚决的战略退却。Н. П. 米赫涅维奇在《战略》中提出了战略退却的三种行动样式：直线退却、向心退却和离心退却。

1. 直线退却（прямое отступление 或 фронтальное отступление）

在遏制敌人进攻的过程中，防御一方军队尚未丧失在有利条件下可以立刻转入进攻的希望时，可实施直线退却。通常情况是数量众多的军队的指挥相对比较容易，但是当进行退却行动时，数量众多的军队的指挥就变得十分困难。1812 年卫国战争中俄国军队由斯摩棱斯克退却至博罗季诺时成功地做到了这一点，迫使拿破仑对俄军在战争第一阶段的顽强防御予以高度重视，充分预见到了随时进行总决战的可能性，命令法军追击敌人时始终排成战斗队形，减少各纵队之间的距离，保持高度战斗准备，避免行军纵队的先头部队遭到突然攻击。

2. 离心退却（эксцентрическое отступление）

防御一方毫无条件地避免交战或者遭到失利后，则可以采用离心退却，这种离心退却是经过提前深思熟虑、精心准备的。在组织

---

① Н. П. Михневич：«Стратегия» книга II. Часть I. Военные действия（операция）. Часть II. Устройство тыла и снабжение армия. Комиссионер военно-учебных заведений. С-Петербург, Колокольная улица, дом № 14. 1910. стр. 28.

与实施类似的行动时，可以起到迷惑敌人的作用，使敌人猜测不出主力撤退的方向，开始浪费时间，甚至可能会停止追击。鲁莽冲锋容易陷入由防御一方退却部队构成的包围圈中，这是十分危险的，如果侧翼或者后方突然出现了敌方的大量兵力，必须予以追击，在侧翼战役结束之前，必须要完成在主要战役方向的进攻。

Н. П. 米赫涅维奇指出，类似的分散退却、离心退却有时候是根据必须要穿越先前位于后方的各种障碍物（河水障碍、山地障碍、沼泽障碍）而实施的，穿过上述障碍后可以到达相对比较远的据点。同时，他认为，离心退却是十分有利于防御的，因为“离心退却可以使防御一方军队占领敌人作战方向的侧翼阵地，这在大多数情况下对防御都是有利的。如果1870年法国军队在遭到初期的失利后迅速退却至朗格勒的侧翼阵地，那么德国军队完全有可能在那里被歼灭，色当和梅斯的惨剧就不会发生了”①。

3. 向心退却（концентрическое отступление）

向心退却至后方选择的阵地通常在以下情况下实施：部队已经在边境开始动员，但因时间仓促没来得及完成战略展开，被预有准备的敌人出其不意地进攻。Н. П. 米赫涅维奇指出，为避免部队遭到毁灭性的打击，只有退却至事先选择或预有准备的防御阵地，除此之外，没有其他出路。以集中兵力于后方为目的的向心退却在铁路网配合下是完全有可能实现的，特别是在边境沿线有数条铁路的话。

Н. П. 米赫涅维奇认为，各种退却行动都具有相当的复杂性和困难性，应该采用一系列特殊的行政手段来保障退却行动和赢得必要的退却速度。尽可能地减轻部队辎重，提前准备退却路线，包括工事准备和行政意义两个方面，这对部队在战争中顺利完成各种最复杂的任务具有重要意义。

① Н. П. Михневич: «Стратегия» книга II. Часть I. Военные действия (операция). Часть II. Устройство тыла и снабжение армия. Комиссионер военно-учебных заведений. С-Петербург, Колокольная улица, дом № 14. 1910. стр. 31.

（五）首次提出“防御战役”和“防御交战”概念，重视防御交战的组织与实施

Н. П. 米赫涅维奇的战略防御思想中首次提出“防御战役”和“防御交战”的概念。Н. П. 米赫涅维奇认为，每一场战争由一个或数个战局组成，每一个战局则由一个或数个战役组成，而战役的主要内容是交战，战役按照主要行动类型分为进攻战役和防御战役，防御战役则是由防御交战组成，防御交战对战略防御成功组织与实施具有重要的作用，他在《战略》中详细阐述了防御交战的组织与实施问题。Н. П. 米赫涅维奇提出，交战中防御的基础包括：利用提前选择的阵地和预有准备的阵地，有利地使用火力；使用冷兵器实施短暂的、简单的、机动性质的冲击。尽管在防御交战中，防御一方的意志要服从于进攻一方的意志，但已经比开放的交战中受牵制的程度小得多，因为防御一方可以利用战争中最重要的因素之一——地形因素，而进攻一方则相对不利一些。从另一方面来说，交战中进攻一方的主导性被限制在较窄的框架内和个别方向上，这在很大程度上是由防御一方运用各种艺术主导的。Н. П. 米赫涅维奇还列举了历史上许多成功的防御交战案例：波尔塔瓦、柯林、贝亨、库纳斯多夫、利戈尼茨、福勒吕斯、里沃利、霍恩林登、奥斯特里茨、滑铁卢、蒙贝利亚尔、梅奇卡等等，他还指出，历史上许多著名的统帅，例如英国元帅威灵顿（1769—1852 年）公爵，几乎是经常进行防御交战，并能够从中取得辉煌的战果。

Н. П. 米赫涅维奇认为，防御交战将成为“经常性”的行动样式。波尔塔瓦、利戈尼茨、里沃利、奥斯特里茨、滑铁卢交战中，防御一方都成功地利用防御取得了最终的胜利，但在柯林、库纳斯多夫、福勒吕斯、霍恩林登交战中防御一方却没有取得较大的胜利，那是因为他们没有好好利用防御的优势。如果说以前防御只是偶尔能带来决定性的结果的话，那么随着射击武器的发展，以后这种情况会经常发生，特别是由训练有素的、装备精良、意志坚定的军队

实施的防御，将防御进行到最后的歼灭交战，即敌人全部兵力的进攻到达最后一刻的时候。

Н. П. 米赫涅维奇特别强调，消极防御从来都不会带来任何决定性的胜利，因为不管进攻一方遭受多大的损失，它都不会在战斗的最后时刻开始冲击和追击，不可能完全丧失进一步斗争的能力。他还引用了拿破仑的话来佐证自己的观点："当采用单纯的防御时，那么就失去了平衡，不会换来任何结果；但如果可以把防御和进攻有效地结合起来，那么敌人就会失去很多机会。"① 因此，由大部分兵力实施的防御应该是积极性质的，在必要的情况下可以适当抽出部分兵力或分队来实施消极防御，主要是为第二级别的目标服务的。

关于阵地的意义，无论是战略层面（正面和侧翼），还是战术层面，其作用都是毋庸置疑的，而工事阵地的选择与准备尤为重要。Н. П. 米赫涅维奇认为，任何人工的或天然的阵地都无法弥补敌人先发动进攻而掌握的时间和机动地点的优势，工事阵地的选择应当遵循以下原则：尽可能地减少遏制敌人的兵力，增强打击敌人的兵力，如果阵地的阵线过于拉长，实施决定性战斗的兵力尚未能达到一半的兵力，那么证明这种阵地的选择对决定性交战来说过长了。对于在主要战役方向上作战的大部分兵力而言，阵地应该提前选择好，特别是对于那些公开的、规模有限的战区。Н. П. 米赫涅维奇列举了历史上成功的战例来佐证自己的观点②，并指出：从各种不同角度来看，提前准备好阵地和火力具有特别重要的意义，特别是选择阵地时充分考虑到了各种必要的战略和战术因素。

---

① Н. П. Михневич: « Стратегия » книга II. Часть I. Военные действия（операция）. Часть II. Устройство тыла и снабжение армия. Комиссионер военно-учебных заведений. С-Петербург, Колокольная улица, дом № 14. 1910. стр. 296.

② 1815 年抗击拿破仑的战争中，英国元帅威灵顿公爵率军提前较长时间选择了滑铁卢的阵地，成功地粉碎了法军的进攻；1864 年美国内战期间，北弗吉尼亚联军总司令李将军预见到即将进行的总决战，提前一年时间布置了一系列的阵地：从华盛顿到里士满沿线、琴斯拉尔斯维利附近、北安娜河畔、斯波特西利瓦尼亚、克利特加尔伯尔等。等到 1864 年 5 月至 6 月时，李将军率领军队歼灭了格兰特军队 58000 人。

此外，Н. П. 米赫涅维奇提出要重视侧翼阵地和后方阵地的加固，他分析了1861—1865年美国战争的经验，指出当时战争中采用的掩体（堑壕）、野战工事以及加固工事的主要原则同样适用于当今的战争中，但存在的主要问题是对加固侧翼阵地和后方阵地准备的重视不够。他指出，在对正面加固的阵地冲击出现困难时，未来的战场将转向侧翼，防御应当从这一角度出发，做好发展侧翼抵抗能力。美国人曾在战争中在侧翼构筑了1—1.5俄里的梯形地带，可以经受住敌人的包围或迂回，并且部署了将近一半的防御兵力，迫使敌人正面进攻产生难度或陷入到战斗队形过于拉长和割断的危险中。关于后方阵地的加固问题，Н. П. 米赫涅维奇指出，它主要是用来预防前线遭到失利后退却而准备的，在最重要的退却路线上设立几个支撑点可以在危急关头帮助退却部队摆脱险境。侧翼阵地和后方阵地的部署并不需要提前完成，只要在阵地中最重要的地段提前建成几个支撑点即可，然后在战斗过程中根据战场需求来建立各种掩体。

在研究好选择的阵地和明确战斗的目标后，部队最高指挥官应根据阵地地段的重要性和特点合理分配战斗兵力，确定预备队、侧翼警戒和保卫部队的部署位置。Н. П. 米赫涅维奇主张应尽可能远地派遣侦察分队应敌，只需选择一个主要防御阵地，并运用所有的兵器来加固阵地，同时前沿阵地容易同主阵地造成火力重合，有可能会造成部分的毁伤，因此Н. П. 米赫涅维奇建议如果必须要赢得时间的话，可以派遣少量的兵力来假装占领前沿阵地，等到敌人完成展开之后，迅速尽可能不战而退。

Н. П. 米赫涅维奇提出，用于占领阵地主要战斗地段的部队并不部署在相应阵地上，而是部署在临近的地段，即隐蔽的待机阵地上，而那些主要战斗地段则由足够多的值勤部队设立支撑点，然后根据公开阵地上火力发展的情况完成部队的全部展开，它由所在部队最近的指挥官负责的，而关于防御战斗中所有要求的正确运用则是由部队的最高指挥官来决定，他应当运用各种手段来获取最新的局势情况，并具有评估战斗态势的经验和能力，这在防御的组织与实施过程中是十分重要的。Н. П. 米赫涅维奇在《战略》一书中引用了施利廷科元帅的话来论证上述观点：“几乎所有的防御一方都犯同样的错误——部队展开的时机太早，其结果是等到防御一方最后时刻弄清楚敌人实际的进攻方向时，他们不得不变换阵地，常常是完全颠覆了先前所做的部署。”[①] 因此，最高指挥官在防御的组织与实施过程中扮演着十分重要的角色，其军事艺术表现在两方面：一是正确评估战场的实际态势；二是及时率领预备队到达交战战场的关键性地段。Н. П. 米赫涅维奇同时承认这是十分艰难的任务，特别是当时交战是人数众多的军队在绵延几十俄里的战场上进行的，但如果成功地察觉到敌人犯了愚蠢的错误，例如分散了兵力，各部之间无法相互驰援，或者是战线拉得过长，那么防御一方此时应毫不犹豫地转入进攻，拿破仑军队当年在奥斯特里茨和里沃利就是成功的范例。当敌人疲惫不堪和进攻受挫时，就是实施反攻的最佳有利时机，军事指挥官若想预测到有利时机，需要军事灼见、天分和经验。

Н. П. 米赫涅维奇认为，对当时人数众多的现代化军队来说，确定总预备队（общий резерв）的部署位置是比较困难的事，总预备队应当依据敌人可能的进攻方向和地形特点，部署在有利于转入进攻的最佳位置。如果阵地一方侧翼的地形或其他部队不能保证该侧翼的安全，那么总预备队应该呈梯队形式部署在该阵地侧翼；如果阵地两方侧翼都不能保证，那么在一方侧翼应部署足够的预备队来保障能够粉碎敌人占领该侧翼的企图，在另一方侧翼部署剩下的尽可能多的预备队兵力。

在防御交战的关键性时刻，最高指挥官应随预备队在战场上选择决定性地点，亲自制定当前阶段的作战计划。如果敌人的进攻遭

---

① Н. П. Михневич：« Стратегия » книга II. Часть I. Военные действия（операция）. Часть II. Устройство тыла и снабжение армия. Комиссионер военно-учебных заведений. С-Петербург, Колокольная улица, дом № 14. 1910. стр. 301.

到失利和出现混乱，那么应将全部兵力投入到决定性的反冲击中，但阵地各支撑点的部队除外，留守远地，以防反冲击万一失利，可以帮助军队迅速占领先前的阵地。此时，总预备队应该向前挺进，占领敌人暴露的侧翼，决定性的反冲击应当在敌人实施决定性进攻的地点进行，应迅速找到适合部队各兵种相对容易协同作战的地点，并获得步枪火力和火炮火力的支援。

在顺利的情况下，接下来的追击可以发展为进攻，但应当十分慎重，如同拿破仑所说："由防御转入进攻，是最棘手的作战问题。"因为需要能够正确选择合适的时机，历史上比较成功的战例是：1797 年里窝利（拿破仑）、1800 年霍恩林登（莫罗）、1709 年波尔塔瓦（彼得大帝）、1815 年滑铁卢（威灵顿）等。

四、A. A. 涅兹纳莫夫的战略防御思想

该时期同 H. П. 米赫涅维奇齐名的另一位研究战略防御问题的杰出理论家是亚历山大·亚历山大洛维奇·涅兹纳莫夫（Александр Александрович Незнамов），帝俄总参军事学院的教授、上校，主要从事战略问题研究。他撰写了大量的军事战略方面的著作，其中关于战略防御的研究主要体现在《现代战争：野战集团军行动》（Современная война. Действия полевой армии）、《战争计划》（План войны）和《防御战争：理论问题》（Оборонительная война. Теория вопроса）三部著作当中。

A. A. 涅兹纳莫夫在其著作中首先论证了进行持续长时间战争和一系列战役的不可避免性，充分肯定了战略防御在未来战争中的重要地位和作用。他在《现代战争：野战集团军行动》中写道："依靠一次总决战来决定战争胜负的时代已经过去了，为了消灭数百万的军队和获得战争的胜利，必须在战争中进行一系列的战役和漫长

的斗争。”① 他创新性地提出未来武装冲突的主要内容形式是“跳跃”（скачок），进攻者向前，防御者向后的分阶段赛跑，战争中打几周，停几个月，进攻将同防御，甚至退却相结合。因此，战略防御的地位和作用是毋庸置疑的，现代战争的艺术要求指挥官必须掌握组织与实施战略防御以及由战略防御转入战略进攻的艺术。

A. A. 涅兹纳莫夫战略防御思想对军事艺术最大的贡献是他提出了“战略性防御战役”的概念。他在《现代战争：野战集团军行动》中根据俄日战争的经验提出，“战略性战役”将是战局或战争中的一个阶段和主要行动样式，它不仅包括机动、战斗和决定性的交战，还包括相对应的准备和保障活动。战略性防御战役将是战略防御的主要类型，它是战争的组成部分，包括了防御、退却和积极进攻等各种行动样式。

A. A. 涅兹纳莫夫在《防御战争：理论问题》中探讨了战略防御的实施问题。他在书中做出了大胆的假设：拥有发达铁路网的德意志帝国和奥匈帝国向俄国开战，敌军先于俄军完成了战略展开，俄军被迫临时转入战略防御。A. A. 涅兹纳莫夫认为，俄军战略防御的主要目的应是为完成战区部队的全部动员和展开赢得时间、为下一步转入坚决性的进攻创造有利的条件，为了达成上述目的，他认为，防御部队可以依托天然的边境线屏障，甚至包括以“让出部分领土”为代价。

A. A. 涅兹纳莫夫的战略防御思想的另一个亮点是他特别重视国家对战争的准备问题。他在《战争计划》中全面研究了国家对未来战争的准备问题，他客观地指出，未来的战争将不仅仅是战争双方军事上的对抗，而是包括了政治、经济、外交等各领域的对抗，如果战争最初的战略展开计划犯了错误，那么必然会带来军事上的溃败或无法弥补的重大损失。他还对未来战争的突然性（внезапность）因素予以了关注。他认为，为了在战争初期不丧失

① А. Агеев：Военно-теоретическое наследие А. А. Незнамов. « Военная мысль », 1983, №11, стр. 86.

战略上的主动权，俄国军队的战略展开不应该是在领土的纵深，而是应在边境地带，他在《要塞的战略意义》（1909 年）中详细阐述了要塞作为支撑点的特殊意义，尤其是在保障部队的战略展开、从一个方向向另一个方向机动、进行首战等方面。

同战役理论一样，俄罗斯军事思想的战略防御理论在 20 世纪初获得了较大的发展，但当时一些观点依旧残留着“过时的、旧军事理论观点的烙印”，例如：将“集团军战役”和“集团军群战役”混淆在一起，将“集团军战役布势”同“战斗队形”混淆。此外，A. A. 涅兹纳莫夫没有研究实施战略防御完成后的后续任务问题，认为上述问题是最高军事长官的特殊权利。他错误地认为：“预先组织交战是不可能的……战役中军队的指挥不能靠上级简单的命令，而是靠指挥官的训令。”①

本章小结

彼得大帝堪称是俄罗斯战略防御思想的“鼻祖”，他成功地运用战略防御思想在波尔塔瓦会战中打败了当时欧洲最强大的军事力量——瑞典卓越战术家查理十二世率领的瑞典军队；俄国军事统帅 M. И. 库图佐夫在抵抗法国拿破仑的战争中将俄国的战略防御艺术提高到新的高度和水平。

19 世纪末 20 世纪初是俄国战略防御思想形成与发展的重要历史时期，“俄国军事思想界在两个世纪之交总体上接近正确评估了未来战争的性质及其实施的样式和方法，以及变化了的社会经济条件和技术经济能力对战争进程与结局的可能影响”②。

以 H. П. 米赫涅维奇、A. A. 涅兹纳莫夫、A. Г. 叶尔恰尼诺夫等为代表的俄国军事家判断出了战场扩大、武装斗争紧张程度和持

① A. A. Незнамов：Современная война. Действия полевой армии. СПб. , 1911, стр. 162.

② 转引自俄联邦武装力量总参军事学院军事战略专业：《军事战略教程》，2004 年版，第 41 页。

续时间增强不可逆转的趋势，以及指挥战区众多军队困难的增多，对战略防御的地位和作用有了准确的定位，探讨了战略防御的组织与实施问题，修改了关于战略预备队在实施战役和战争时的作用的传统观点，但他们提出的“这些适应新战争要求的防御观点并没有全部为俄国的统治阶级所接受，没有被提高到正式的官方水平上”，[①] 在俄国军事思想界占统治地位的依旧是“保守的”、“落后的”、“陈旧的”军事理论。

① В. А. Золотарев：История военной стратегии России. Кучково поле. Полиграфресурсы. М.，2000，стр. 95.

第三章　帝俄时期战略防御实践对战略防御思想发展的推动作用及影响

1812年卫国战争结束以后，尤其是19世纪末20世纪初，俄国对外的军事行动具有与以前不同的性质，军事行动开始同时在数个方向由各个大的集团（集团军或军）实施，往往是按照统一的计划，由战争区总司令指挥，实施的纵深大、时间长。军事行动开始在广大空间以不同规模的战斗、局部交战和机动分散展开，最后汇合成为一个总交战，并且基本上以此结束。参加这种行动的几乎是国家全部现有的武装力量或其大部，它们对战局的一个阶段或整个战局乃至战争的结局是决定性的。该时期俄军一系列的军事实践，对俄国战略防御思想的形成与发展产生了重要的影响，这种影响既有通过军事斗争胜利取得的成功经验，又有通过惨痛的失利汲取的失败教训。该时期俄军比较有代表性的战略防御实践主要是在以下三次战争中：克里米亚战争（1853—1855年）、俄日战争（1904—1905年）和第一次世界大战。

一、克里米亚战争（1853—1855年）中俄军的战略防御：积累陆海军协同保卫濒海要塞的经验，阵地防御形式首次出现

塞瓦斯托波尔防御是克里米亚战争（1853—1855年）期间，俄军于1854年9月25日至1855年9月8日在塞瓦斯托波尔（俄国黑海舰队主要基地）进行的英勇防御。

此次防御持续时间为349天，是巧妙组织积极防御的典范，是

以陆海军保卫濒海要塞协同作战为基础的。其“防御的特点是守方不断出击，夜间经常搜索，积极进行地雷战。尽管敌人在军队、火炮的数量上及武器质量上占优势，但纵深梯次配置的防御配系和当时的步炮火力配系，使守方顺利地击退敌军的攻击。塞瓦斯托波尔防御过程中，炮兵的战斗使用方法包含了炮火反准备的要素，可以破坏敌人对城市的强攻”①。1855 年的塞瓦斯托波尔防御中，第一次建立了纵深为 1—1. 5 千米的工事地带，构筑了有防护的炮兵阵地和步兵预备队的掩蔽工事，俄罗斯军事历史上首次产生了阵地防御。

此次防御中，俄军组织与实施战略防御的主要特点有：

第一，俄军利用有利的战机率先构筑了牢固的防御工事和火力配系。俄军统帅利用英法联军统帅部未做出行进间攻击塞瓦斯托波尔决定的机会，先于敌人采取了加强防务的紧急措施，俄军在北部湾入口处沉没旧战列舰 5 艘和巡航舰 2 艘，封锁了港湾的出入口，将 10 艘战舰（1000 门炮）配制在碇泊场南沿，并将水兵编成 22 个营。在防御战的最初 20 天内，俄军在中校工程师 Э. И. 托特列边的指导下，积极发动陆海军部队及士兵家属和居民，修筑工事 20 处，布设在塞瓦斯托波尔南部的火炮由原来的 172 门增加到 341 门（重炮 118 门），在短期内建成了纵深梯次配置的防御配系，可有效地发挥兵力和兵器（包括舰炮和岸炮）的作用。棱堡（支撑点）是俄军防御的基础，塞瓦斯托波尔城下建立了 3 道防御地带（防线）和 1 个前进阵地，构筑了掩体和堑壕，第一次在俄国使用了掩蔽部，火力和堑壕配系相结合为进行阵地战奠定了基础。

第二，俄军及时地察觉了敌军的新动向，做出了相应的部署。英、法、土联军原拟从北面进攻塞瓦斯托波尔，后获悉港湾出入口已被封锁，并且过高地估计了北面俄军的兵力，于是改变了计划，不从北面进攻，而采取从侧敌行军，绕道要塞东南方向的巴拉克拉瓦，从南面进攻塞瓦斯托波尔。

---

① 中国人民解放军军事科学院译：《苏联军事百科全书·军事历史（下卷）》，北京：解放军出版社，1986 年版，第 867 页。

第三，俄军防御体现出积极性、主动性的特点。俄军并未一味地实施战略防御，要么利用夜色掩护派出小部队主动出击，袭扰敌军，使之处于紧张状态，要么抓住有利战机，对敌人的阵地实施冲击，寻求交战（会战）。塞瓦斯托波尔防御期间，俄军先后组织了三次比较大规模的进攻行动：巴拉克拉瓦之战（1854年10月25日）[①]、因克尔曼会战（1854年11月5日）[②] 和黑河会战（1895年8月16日）[③]。

《苏联军事百科全书·军事历史卷》中高度评价了塞瓦斯托波尔防御中军队的战斗精神和人民群众发挥的作用，“俄军官兵表现出高度的精神和战斗素质，为俄国人民赢得了世界荣誉，并在陆海军战史上写下了光辉的一页，广大人民群众也在此次防御中发挥了巨大

---

① 1854年10月25日，俄军统帅部派出П. П. 利普兰季中将率领的一个师（约1.6万人）向联军的后方基地巴拉克拉瓦（距离塞瓦斯托波尔约15千米）发动出其不意的攻击。俄军分三路向巴拉克拉瓦东北3—4千米处土耳其军据守的多面堡发起冲击，并将其攻占，随即遭到了英军两个骑兵旅的反击。由于俄军统帅部犹豫不决，俄军未能发展这一战术胜利，切断敌军同其基地的联系。虽然俄军此次行动没有完全实现预定计划，但迫使联军分出兵力保卫后方，在一定时间内削弱了联军对塞瓦斯托波尔的炮击。

② 1854年11月，俄军统帅部经过长期的犹豫后，决定在联军增援尚未到达之前，发挥兵力优势，主动袭击敌人，打破其强攻塞瓦斯托波尔的计划，迫使敌人撤回围城的军队，“俄军指挥官从制定一个很好的进攻计划开始，这个计划抄袭了拿破仑最有名的一次会战的经验”。俄军以两路兵力对英国围攻军阵地实施主要突击：一路是Ф. И. 索伊莫诺夫将军的军队负责沿基伦山谷西南坡向东南进攻；一路是П. Я. 巴甫洛夫将军的军队负责经因克尔曼桥向南进攻，П. Д. 戈尔恰科夫将军的预备队受命沿萨蓬山对法军后方实施辅助突击，Н. Д. 季莫费耶德城防部队则从塞瓦斯托波尔出击。俄军的进攻完全出敌意料，大雾掩护了俄军的行动，但由于俄军在接下来的军事行动中未能做好各部的协同，贻误战机，加之俄军对地形不熟悉、统帅部优柔寡断以及武器落后，联军迅速从突然被动攻击中恢复过来，俄军损失惨重，被迫退回至出发地域。虽然此次会战未能取得预期的战果，但迫使联军推迟执行原定11月18日总攻塞瓦斯托波尔的计划转入旷日持久而又艰难的冬季围攻。

③ 1855年7月，联军首次强攻塞瓦斯托波尔未果，联军总司令拉格兰阵亡。俄军总司令获得增援后，决定进行一次会战，从黑河方向进攻法军阵地，俄军投入人数达5.8万人，272门炮。8月16日，俄军兵分左右两路，分别由利普兰季将军和里德将军指挥，向法军阵地进攻，如进攻得手，要塞内守军也准备出击。但俄军再次犯下了互不协同的老毛病，进攻不断受挫，伤亡惨重，损失达8000余人，俄军被迫再次撤回黑河彼岸。

的作用，他们踊跃参战，积极参加防御工事的构筑和战斗。”① 当然，俄军在塞瓦斯托波尔防御中暴露出许多问题，诸如军队指挥很差，部队协同不好，武器装备落后，预备队使用不当等。

二、俄日战争（1904—1905 年）中俄军的战略防御：暴露诸多问题，防御战役要素凸显

俄军在 1904—1905 年俄日战争中的战略防御实践在俄罗斯战略防御思想史上是具有特殊历史意义的，因为以前俄军的战略防御通常是在一个会战内进行的，那么在此次战争中俄军则相继实施了一系列同时和连续的防御交战，每一次交战就其性质和内容而言都是一个战役，可以说战役诸要素表现得十分突出，集团军防御战役的雏形都是在俄日战争中出现的，集团军防御中开始建立主阵地（全纵深为 3—4 千米，有几道断续的散兵线）和后方阵地。此次战争中，阵地防御获得了极大的发展，双方在交战过程中经常是长时间的交战后仍不分胜负，被迫转入防御，战役间歇时间长达三个月之久。

俄日战争中，双方根据战略目的和总的战争计划，先后实施了一系列同时和连续的战略性战役，双方广泛采用各种战斗行动样式，包括进攻、防御、遭遇战、变更部署和机动等，既有大规模的海战、登陆战，又有陆战、要塞防御。总体来说，在战争中俄军以防御战役为主，日军以进攻战役为主。

俄日战争中，俄军实施大规模的战略防御主要是在以下三次战役（会战）中：旅顺口防御、辽阳会战和奉天会战，俄军在三次战役（会战）中的防御分别表现出了不同的特点。

战争爆发前，两个交战国家的防御观点是截然不同的，其作战计划有着根本性的差异，见表 1。

① 中国人民解放军军事科学院译：《苏联军事百科全书 · 军事历史（下卷）》，北京：解放军出版社，1986 年版，第 867 页。

表 1　俄日战争中的防御观点与作战计划

	俄军	日军
防御观点	俄国的军政领导者从一定的政治军事目的出发，并考虑当时形成的局势，几乎在整个战争过程中都着重实施了战略防御，但是他们对防御理论的研究和对军队的实际防御训练则没有给予应有的注意。实际上，从战争一开始，他们的战略防御就没有组织起来。	日军的作战思想深受德国名将毛奇的理论的影响，强调积极进攻，认为“在战略范围内只有进攻，对防御基本不予考虑”。
作战计划	俄军竭力推迟战争爆发的时间，认为“时间是俄国最好的盟友……每个年头都会加强本方的实力”①，俄军在远东的战略要塞旅顺港尚未建成，因此俄军估计无力阻止日军在东南部登陆，进而向旅顺发动进攻，俄军应以现有兵力坚持 6 个月的防御作战，直到集结足够的兵力之后再发起反攻，甚至计划打到日本本土去，俄军总司令库罗帕特金曾提出：“在日本登陆，击溃其本土部队，平定人民的反抗，占领都城，生擒日皇”的反攻计划。”②	日军认为“每拖延一天，甚至一小时，都会增强俄国取胜的机会”，积极寻求战机，加紧备战，率先偷袭俄军战略要地旅顺港，妄图复制普法战争中的“色当”。

（一）战例分析之旅顺口防御：被迫转入的防御，防御工事和障碍物的防御获得新发展

旅顺口防御（порт-Артура оборона）是俄日战争期间于 1904 年 2 月 9 日至 1905 年 1 月 2 日进行的旅顺口要塞防御战。此次俄军的防御主要有以下几个特点：

第一，俄军是在遭到日军突然袭击后被迫转入防御的。战争爆发前俄军未能及时判明日军的进攻意图（个别军官已经洞察到了日

① 转引自吴春秋：《俄国军事史略（1547—1917）》，原文参见罗曼诺夫的《日俄战争外交史纲》，第 1 卷，第 14 页。

② 转引自吴春秋：《俄国军事史略（1547—1917）》，原文参见罗曼诺夫的《日俄战争外交史纲》，第 1 卷，第 312 页。

军的战略意图，但却没有给予重视①），麻痹大意和轻敌的思想十分严重，而日军则是处心积虑、精心谋划，竭力达成战争的突然袭击，重创俄军。可以说，从战争爆发一开始，俄军在战略上就输给了日军，战略上过分轻敌、狂妄自大和麻痹大意，是俄军（包括后来的苏军）常常容易犯的错误，当其面对强大敌人的突然袭击时，首战遭受重大失利已成必然。

第二，陆军和海军的组织协同在旅顺口防御中获得了丰富的经验。俄军舰队主动出海同敌人交战，同时对陆军实施积极的火力支援，到了防御后期，海军舰队的大部分人员、284 门火炮和大量弹药都交给了要塞的守备部队，加强陆军力量，而陆军则利用要塞的火炮和机枪对敌人的舰队实施火力毁伤。此次防御中，陆军和海军的组织协同经验对俄国军事学术的发展起到了重要的作用：“旅顺口防御表明，濒海要塞只有当其守备部队与海军和陆军组织紧密协同时，才能坚持长期战斗。”②

第三，工事和工程障碍物的防御以及从遮蔽阵地进行炮火射击的方法得到继续发展。旅顺口防御中，俄军陆防司令 Р. И. 孔德拉坚科陆军中将率领俄军对防御工事状况进行了很大的改善，俄军在各堡垒、炮台和多面堡的接近地上及其彼此之间的中间地带开挖了堑壕和步兵岩壁，设置了高压电网，埋设了应用地雷。此外，旅顺口防御中还出现了几个历史上的首次：俄军在海上首次使用了雷击舰，首次大规模地、有成效地使用了水雷武器，首次建造与使用了迫击炮和探照灯。

① 喀琅施塔得港口司令马卡罗夫曾在战争爆发前一天曾专门致电海军部，提请注意旅顺舰队的危险处境，建议将舰队开进内港，以免遭受敌人突然袭击，指出如不采取措施，“则我们将被迫于首次夜间突袭之后这样做，那就要为这个错误付出重大代价了”。（转引自吴春秋《俄国军事史略（1547—1917）》，原文参见索罗金：《1904—1905 年日俄战争》，第 69 页。）

② 中国人民解放军军事科学院译：《苏联军事百科全书·军事历史（下卷）》，北京：解放军出版社，1986 年版，第 654 页。

（二）战例分析之辽阳会战：预有准备转入的防御，防御指导过于消极

辽阳会战（Ляоянское сражение）是俄军在俄日战争时期于1904年8月24日至9月3日同日军3个军团之间进行的交战。此次会战是俄军组织与实施战略防御的又一次失败案例。

俄军在此次会战中的战略防御是预有准备转入的，并构筑了三道防御阵地[①]，俄军司令А.Н.库罗帕特金（Алексей Николаевич Куропаткин）打算依托上述阵地转入防御，即采取消极等待的方针，一开始就把主动权让给了敌人。

会战前，日俄两军的兵力对比是俄军15.2万人、火炮606门，日军约13万人、火炮508门，俄军占有兵力火力优势，但俄军在会战中却一再错失战机，导致其战略防御完全无法组织起来，遭遇彻头彻尾的失利。

8月24日，会战开始后，俄军击退了日军的全线冲击，但А.Н.库罗帕特金却依托夸大敌军兵力的情报，没有利用第一防御地区各种防御能力，草率下令撤至第二防御地区；

8月30日，日军的进攻本已经达到“顶点”，无力再发起进攻，俄军实施的反突击本可以歼灭敌军1个兵团，但А.Н.库罗帕特金却犹豫不决，瞻前顾后，唯恐被敌人迂回，错失了战机；

8月31日至9月3日，俄军同日军展开了争夺主阵地的战斗，俄军以坚守阵地与实施反冲击和阵前出击相结合，俄军打退了日军在各个方向上的进攻，但关键时候А.Н.库罗帕特金却下令放弃阵地，向奉天方向撤退，到会战结束时，俄军大部分预备队始终未投

① 1904年6月，俄军向辽阳远接近地——鞍山站、亮甲、安平一线撤退，并就地组建南、东2个集团，约15.2万人，占领第一防御地区，俄军后方前进阵地和主要防御阵地的工事构筑业已完成，即俄军构成了三道防御阵地，第一道阵地（前沿阵地）全长75千米，第二道阵地全长22千米，第三道全长15千米，这些阵地纵深都比较小，侧翼暴露，工事构筑计划都没有如期完成。

入到会战中。

俄军组织与实施战略防御的最初计划是完全正确的，但在实施过程中，俄军司令官 A. H. 库罗帕特金作战消极，指挥军队方面屡屡犯下大错，过高地估计了日军力量，将大量兵力调作预备队（俄军将7个军中的5个留作预备队，占领各个阵地各个军的40%—50%兵力留作预备队，投入战场的兵力所剩不多），过早或毫无理由地撤退到新阵地上，最终导致了在占尽兵力、兵器优势的情况下输掉了会战。

（三）战例分析之奉天会战：方面军防御战役的雏形首次出现

奉天会战（Мукденское сражение）是俄日战争时期，俄日两军于1905年2月19日至3月10日进行的一场大规模交战。从军事学术发展的观点来看，此次会战受到高度重视，它已经清楚显示出了俄国进入帝国主义时代后战争的新特点，就其规模、企图和实施来说，奉天交战已经具备方面军战役的雏形，俄军是防御战役，日军是进攻战役，会战中日俄双方投入兵力达60万人，火炮2500门，机枪256挺；会战开始时作战正面为105千米，结束时达到155千米，纵深达150千米，俄军防御持续的时间整整20昼夜。

奉天会战中，俄军在一开始就处于被动局面。会战爆发前俄日双方都准备要发起进攻，但俄军准备进攻的工作进展十分缓慢。日军则积极准备，并得以在俄军侧翼造成局部兵力优势，率先向俄军阵地发起了冲击，夺取了战争主动权，俄军被迫放弃了进攻，仓卒转入防御。[①]

俄军总司令 A. H. 库罗帕特金在判断敌人主要突击方向时犯了重大错误，他误以为日军的主要突击方向是在左翼，遂将其预备队全部调至左翼。结果等到日军将大部分兵力都投入到战斗时，俄军才如梦初醒，发觉日军正以重兵迂回其右翼，于是又将预备队从左翼调回右翼，部队来回折腾，疲于奔命。

俄军在组织与实施战略防御过程中计划以部分兵力对敌军迂回集团实施反突击，但由于其组织不利，集中兵力的反突击变成了分散突击，结果未能达到预期目的。

俄军在贯彻集中兵力于主要方向抗击敌人的推进时，优柔寡断，不够坚决。

俄军在进行退却时组织十分混乱，未参加会战的骑兵先于步兵和炮兵撤退，辎重堵塞了道路，部队失去指挥，同时又遭到敌人的炮击，后卫陷入日军之中。

---

① 双方战前部署：俄军沿沙河一线编成 3 个独立的野战集团军，右翼为第 2 集团军，正面 25 千米；中央为第 3 集团军，正面 20 千米；左翼为第 1 集团军，正面为 45 千米。暴露侧翼由独立部队掩护。日军集结了 5 个军团，第 3、5 军团分别迂回俄军两翼，第 1、2、4 军团以正面进攻牵制俄军，并保障第 3、5 军团的迂回运动，主攻指向俄军右翼，由第 3 军团担任。

双方实力对比：俄军步、骑兵 29.3 万人，火炮 1494 门，机枪 56 挺；日军步、骑兵 27 万人，火炮 1062 门，机枪 200 挺。俄军在兵力和火炮方面均占优势，但俄军总司令 A. H. 库洛帕特金却没有汲取辽阳会战失利的教训，依旧分散使用兵力，计划担任主要突击任务的兵力仅是第二集团军的四分之一兵力，其余兵力则全部置于无用，此外他还保留了近 5 万人作为统帅预备队，另有 1.5 万人保卫后方，而日军则完全没有保留预备队。

会战过程：2 月 18 日，日军第 5 军团各先遣部率先发起进攻，随后主力相继投入到进攻中，2 月 24 日，日军第 1 军团转入进攻，对俄军第 1 集团军左翼实施迂回突击，俄军左翼几经苦战，被迫北撤。俄军误以为日军主攻方向为左翼，遂将其预备队全部调至左翼，2 月 26 日，日军第 3 军团、第 2 军团相继发起进攻，显示出其主攻方向为俄军右翼，俄军遂又将部分预备队从左翼调至右翼。3 月 2 日至 3 日，俄军在萨林堡附近的战斗中未能阻止日军第 3 军团的迂回机动，同时俄军第 2 集团军以部分兵力对敌军迂回集团实施反突击，但效果不佳，日军第 3 军团在 7 日后深入到奉天西北。俄军被迫收缩右翼，同时决定将第 3 集团军和第 1 集团军撤至浑河以北，但由于退却引起指挥混乱，未能组织起有效的进攻来抗击日军第 3 军团。3 月 9 日，日军第 1 集团军突破俄军旧站附近的第 1 集团军阵地，同第 3 军团形成了合围俄军于奉天城下之势，在此情况下，俄军被迫连夜退至奉天以北的铁岭，会战结束。

俄日战争中，俄军采取的主要行动样式是战略防御，俄军在防御中广泛利用各种野战工事，对 19 世纪下半叶出现的阵地战的发展起到了新的推动作用，工事和工程障碍物的防御获得了新的发展，防御中首次出现了集团军纵深梯次配置的战役防御要素，方面军防御战役的雏形开始出现。俄军组织与实施战略防御过程中暴露出来一系列突出问题：俄军落后的防御观念，组织防御中的重大失算，军队指挥薄弱，统帅部作战消极，总司令碌碌无能，不能明确无误地指挥军队迅速而坚决地抗击敌军等等，最终导致了俄军的战略防御，无论是预有准备的，还是被迫转入的，都几乎完全没有组织起来，俄军的防御军队没有能力阻止日军进攻，再加上政治因素的影响，注定了沙皇俄国的战败命运。最后特别要强调一点，俄日战争是两个帝国主义国家在我国领土上为争夺自身利益而进行的非正义战争，给我国人民带来了极为深重的灾难。

三、第一次世界大战（1914—1918 年）中俄军的战略防御：阵地防御发展的顶峰

俄日战争结束后，俄军认真总结了战争失败的经验与教训，制定和颁布了一系列新的军事条令，比较具有代表性的是 1912 年“野战条令”和 1914 年“统帅条令”，新的条令都特别突出地强调进攻的作用，指出：“进攻行动是达成既定目标的最好手段，只有进攻行动才可能把主动权夺到自己手中，并迫使敌人按我们的意愿行事。”“步兵在战斗中起主要作用，其他兵种应千方百计配合步兵实现战斗目标，步兵进攻时应将运动（跃进）与火力结合起来，只有当不能以进攻实现预定目标时，才进行防御”，实施防御时“应千方百计以火力打乱敌人，破坏其士气，然后转入进攻歼灭敌军。”①

同大多数帝国主义国家一样，俄军在第一次世界大战前单纯强调战略进攻，企图通过坚决的战略进攻取得胜利，速战速决，以攻

① 转引自伏龙芝军事学院：《军事学术》第 2 卷，第 266—267 页。

对攻，没有防御的作战准备，没有长期作战的准备，战役通常具有遭遇战的性质，基本特点是规模大、战线长、机动性强。战争爆发后不久，速战速决的战略进攻思想就彻底破产了，最初坚持进攻的各国都被迫转入阵地防御中，俄军也不例外，军事战略陷入了“阵地战的死胡同”，阵地防御则发展到了顶峰。

第一次世界大战中，俄军组织与实施的战略防御战役大多是在1915年战局以后，主要有奥古斯图夫战役（1915年2月7日至2月26日)、普扎斯内什战役（1915年2月至7月)、戈尔利采战役(1915年5月2日至6月23日)、维尔诺战役（1915年8月22日至10月2日）等。

（一）战略防御的样式演变：从要塞防御到弹性防御

第一次世界大战中，俄军战略防御的组织与实施取得了很大进步，防御成为军事行动的基础，例如在东欧战区，俄军大部分时间(约3/4的作战时间）都处于防御状态，这从根本上影响到对防御性质及其实施方法的看法，战略防御的理论在军事实践中获得了新的发展。

1914年战局中，俄军的防御主要是要塞防御，要塞通常是分布在边境一线，并配有堑壕体系的野战防御工事，其主要劣势是要塞的炮台之间间隙较大，纵深很浅，抵抗不住敌方的进攻。战争进程表明，仅靠坚守要塞的防御不能实现防御的预期目的，交战双方开始组织野战阵地防御，以便长期坚守己方地区。

1915年战局中，俄军在防守奥索维兹要塞地域时，首创了永备工事与野战工事相结合的阵地防御（筑垒地域配系)，极大地增强了防御的稳定性。

1916年战局中，俄军的防御中形成了纵深梯次配置的绵亘正面，设置了构筑有各种工事的多地带和阵地体系，其核心是堑壕体系。

1917年和1918年战局中，即战争后期，出现了同“硬性防御”相对应的新的防御样式——“弹性防御”。前者要求必须坚守第一阵地，后者则允许暂时放弃一个或几个阵地，以保存有生力量，然后以反冲击和反突击消灭楔入防御之敌。“弹性防御”的实质是防御一方估计到敌人首次突击的威力强大，便在头几道阵地只留下警戒部队，而把主力部队调入纵深，当敌人向无人防守的地点实施炮火准备并占领了这几道阵地以后，防御一方便以强大的反突击把敌人击退到出发地区。①

（二）战略防御的发展趋势及主要特点

第一次世界大战中，防御力量的增长要比突破防御的方法和手段的变化快得多，防御向多阵地多地带的方向发展，俄军战略防御的基本样式是战略性防御战役，其基本内容包括：“扼守防御阵地和防御地带的战斗行动；向受威胁方向机动集团军和方面军预备队以不断增强抵抗力；对楔入防御纵深的敌军兵团组织与实施强大的反突击；努力恢复防御态势或在自己后方新的防御地区稳定战线。”②

俄军组织与实施战略防御的特点主要表现在以下几个方面：防御纵深逐步增大；防御阵地编成和筑城工事问题经过了周密研究；建立起几道防御地带；在绵密正面上修建堑壕体系以及构筑各种防炮火掩蔽部。与此同时，由于第二梯队和预备队不仅可用于扼守纵深内的防御地区，而且可用于实施反突击，从而提高了防御的积极性。各种工程障碍物也得到了广泛的应用。对这样的防御，使用当时的武器和原来的进攻方法是很难突破的，在这种条件下，防御的理论与实践的发展远远超过了进攻的理论与实践，防御开始具有持久性，阵地防御达到了历史发展的顶峰。

第一次世界大战中，俄军的战略性防御战役通常主要是由集团军或集团军群来组织实施的，集团军防御战役的实践获得了极大的发展。虽然战争中出现了方面军防御战役的雏形，但实际上它们仅

① Б. А. 帕诺夫著，李静、袁亚楠译：《战争艺术史》，军事科学出版社，1990 年版，第 54 页。

② 转引自 В. А. 谢苗诺夫著：《苏军战役法发展概论》，第 1 章，1960 年版，第 56 页。

仅是许多集团军防御战役的简单综合，纵然是到了战争末期，方面军防御战役仍没有得到充分的发展。战争过程中，集团军防御战役获得了进一步的发展，如，集团军防御的配置纵深逐渐加大（包括3—4 道构筑有支撑点的阵地）；大部分兵力部署在第一梯队；开始建立兵力不大的预备队，由步兵（骑兵）部队组成；改进了防御阵地的工事构筑（用堑壕将散兵壕连接起来，交通壕和钢筋混凝土工事出现）；步枪火力、机枪火力与炮兵火力和障碍物，主要是非爆炸性障碍物相结合，构成了防御的基础。防御阵地的线式配置、防御的积极性低和机动性差，是集团军防御战役的主要特点。

随着战争进程的推进，战略防御的内容也发生了改变。第一次世界大战初期，俄军防御主要是对步兵和炮兵的防御，而到战争末期，伴随着大量新式武器的出现，防御中产生了新的防御要素，诸如对化学防御、对坦克防御和对空防御。

战略防御的性质由消极变为积极。战争初期，俄军的战略防御主要具有消极性质，旨在赢得时间。随着战局的发展，战略防御主要用于坚守已占领地区和重要的战略区域，消耗敌人、粉碎敌进攻军队，同时依靠加大防御的梯次配置纵深，完善现地工事构筑。随着战争进程的发展，为恢复原有态势而实施的机动和反突击的作用不断提高，“各兵种使用方法的发展大大促进了战略防御效率的提高，在战争期间制定了进攻的炮火准备和炮火支援的新方法，其中包括逐次集中射击、一层徐进弹幕射击和两层徐进弹幕射击，开始采用炮火反准备，制定了坦克和航空兵战斗使用原则”，[①] 所有这些都极大地提高了俄军防御的积极性。

第一次世界大战对俄罗斯战略防御思想发展产生的重要影响，就是极大地改变了有关建立和使用战略预备队的观点。战前，俄国军事学术界根据当时流行的关于战争是短暂的思想，对战略预备队的建立和使用问题没有予以足够的重视，包括总参军事学院教授

---

① B. A. 佐洛塔廖夫著，李效东等译：《俄罗斯军事战略史》，北京：军事科学出版社，2009 年版，第 104 页。

A. A. 涅兹纳莫夫上校在内的众多军事理论家都认为没有保存战略预备队的需要，这也是当时官方的主流观点，他们认为，“在后方保持总预备队毫无用途”，“战略上的预备队用于战斗目的，是一种犯罪”。[①] 但是战争初期的进程表明，没有战略预备队的计划、积累和合理使用，战争是不可能顺利实施的，俄军在东普鲁士战役中失败的主要原因之一就是缺乏战略预备队。

第一次世界大战过程中，俄军组织与实施战略防御的过程中暴露出了以往战争（尤其是俄日战争）中反复出现的问题，包括：军队指挥组织混乱，缺乏明确的目的；预备队使用不合理，形不成拳头优势；反突击软弱无力，效果不佳，通常达不成预期目的等。

第一次世界大战结束阶段，随着大量炮兵、坦克和战斗航空兵的出现以及这些兵种和兵器可供集中使用的能力，为顺利解决突破阵地防御的问题，创造了一切必要的前提，俄军在第一次世界大战中的经验与教训成为苏维埃工农红军在外国武装干涉和国内战争中实施战役的主要依据。

本章小结

克里米亚战争（1853—1855 年）和俄日战争（1904—1905 年）是俄国该时期战略防御的两次重要军事实践。塞瓦斯托波尔防御中俄军首次构筑了 1—1.5 千米以上的纵深地带，这种地带比以前要塞形式的防御支撑点更不好迂回，也比线式阵地更难于克服，阵地防御的理论获得了肯定和发展，军事历史上首次出现了阵地防御。

俄日战争中俄军的战略防御是战略防御发展史上的分水岭，在此之前俄军的战略防御通常都是在一个交战的范围内实施的，但在俄日战争中俄军相继实施了几次防御交战，战役诸要素表现得十分明显。在战争中，俄军采取一味的战略防御，他们的战略防御理念是完全落后的，组织战略防御的过程中暴露出了许多问题，诸如军

① 转引自 C. M. 别里茨基：《战略预备队》，第 62 页。

事体制、指挥与作战等等，俄军的战略防御最终都是以惨痛的失利告终的。可以说，俄日战争对俄国军事思想界产生的影响是巨大的，军事理论家们不得不开始以一种新的观点来审视包括战略防御在内的诸多军事问题，他们已经意识到随着军队数量的增大、军事技术和指挥工具的发展以及军事行动的复杂化已经产生了武装斗争的新形式——战役，但却未从理论上对其加以深入研究，“战役法”的概念一直到20世纪20年代才正式提出。

第一次世界大战爆发前，世界各国大多未能准确预测到所面临战争的真正的、世界性的规模，没有预见到可能形成绵延数百千米乃至数千千米的绵延正面，未能预见到阵地战的规模。最初坚持战略进攻的各国军队都陷入到了阵地战的死胡同中，防御被提高到前所未有的高度，战略防御的理论与实践获得了极大的发展，主要表现在：防御纵深增大；防御阵地编成和工事构筑受到高度重视；建立起几道防御地带；在绵延正面上修建堑壕体系和构筑各种炮火掩蔽部；第二梯队和预备队不仅用于扼守纵深内的防御地区，而且还用于实施反突击，表现出高度的积极性和稳定性。

第二部分

苏联时期战略防御思想发展的曲折与反复

苏联时期，战略防御思想经历了曲折与反复的发展过程。20 世纪二三十年代，工农红军在国内战争和外国武装干涉时期进行了大量的战略防御实践，这些实践对 20 世纪二三十年代战略防御思想的发展产生了重大影响。年轻的苏维埃军事理论家们根据第一次世界大战和国内战争的经验，积极开展了关于消耗战略与歼灭战略的学术争辩，涌现出了以 M. B. 伏龙芝（Михаил Васильевич Фрунзе）、A. A. 斯韦钦为代表的战略防御思想大家，他们从不同的角度阐述了战略防御思想的重要性，研究了在不同条件下组织与实施战略防御的原则、方法等问题，战略防御思想在军事历史上达到了一个发展的繁荣时期。但 20 世纪 20 年代中期苏联军事理论战线上声势浩大的批判错误军事理论的斗争使得处于繁荣时期的战略防御思想发展戛然而止，战略防御的地位和作用被彻底否定，战略防御思想的发展进入“前所未有”的低潮时期。

1942 年伟大卫国战争初期的进程，迫使苏军重新认识和定位战略防御的地位与作用，战争过程中苏军曾组织了三次大规模的战略防御，时间分别为 1941 年夏季、1942 年夏季和 1943 年夏季。苏军的战略防御实践是在不同的情况下组织实施的，前两次是被迫转入的战略防御，但具体情况又有所不同，第三次则是预有准备转入的战略防御。战略防御的军事实践对战略防御理论与思想的发展起到了巨大的推动作用，苏军认真总结了伟大卫国战争中的经验与教训，它们成为战后战略防御思想发展的宝贵财富。

战后苏联时期的战略防御思想经历一个“重新肯定→全盘否定→重新肯定→完全肯定”的反复嬗变和曲折发展的过程。1991 年苏联解体，为苏联时期战略防御思想曲折发展的历程画上了句号。

第四章　20 世纪二三十年代战略防御的理论发展与战前战略防御思想的发展低潮

1917 年苏维政权建立以后，面对国内外复杂的态势，年轻的苏维埃军事理论家们辩证地处理了战略防御与战略进攻的关系，顽强性、机动性与积极性是红军组织与实施战略防御的突出特点。苏军在保卫苏维埃政权和抗击外国武装干涉的军事实践中不断积累战略防御的经验，最终取得了国内战争和抗击外国武装干涉的胜利，战略防御思想在军事实践的推动下获得了新的发展。

20 世纪初到 20 世纪 30 年代是俄罗斯（苏联）军事思想史上"可以被认为不仅是苏联时期，甚至是整个俄罗斯历史上的军事和军事政治思想的'黄金时期'，因为这一时期涌现了大批不仅是国家水平的，而且毫无疑问甚至是世界水平的论著（著述）"。[①] 以往的军事学术研究表明，该时期苏联军事科学最大的成就包括制定了大纵深战役理论、"战役法"作为一个独立的层级被划分出来等。但随着大量的历史材料被解禁，事实证明，苏联军事学术的成就远不止上述这些内容，其中被忽略的最重要内容之一就是该时期苏军军事理论家提出的消耗战略与战略防御理论，它是建立在客观的历史分析和准确预测基础之上的，本可以对即将爆发的第二次世界大战的进程与发展起到重要的指导意义，但却因政治原因被抹杀了。

该时期苏联战略防御思想的两位代表人物是工农红军的杰出统帅、军事理论家 M. B. 伏龙芝和苏联著名军事理论家、历史学家

---

① A. A. 科科申著，王吉良等译：《战略领导论》，北京：军事谊文出版社，2005 年版，第 358 页。

A. A. 斯韦钦，两位都是“消耗战略”的支持者。他们的战略防御思想是建立在科学的历史分析和经验总结之上的，对未来战争的性质与进程进行了科学分析和判断，对当时即将爆发的第二次世界大战具有重要的指导意义，但令人遗憾的是，由于种种原因，他们的思想都没有为处于“黄金时期”的苏联军事学术所发扬光大。

伟大卫国战争爆发前，经历发展“黄金时期”的苏联军事思想在世界范围内已处于先进地位，以“大纵深战役理论”为代表的苏联军事思想极力宣扬战略进攻，轻视甚至否定战略防御的地位和作用，而苏联战略防御思想的发展则进入“前所未有”的低潮时期。无论是军事理论研究，还是军事实践，抑或日常的军事训练，苏军都将防御严格限制在战役或战术范围内，对战略范围的防御予以完全排斥，这直接导致了伟大卫国战争初期苏军的重大失利。苏军的战略防御问题是在战争过程中逐步加以认识和解决的，并且为此付出了沉重的代价。

一、国内战争中红军的战略防御实践对战略防御思想发展的影响

国内战争和外国武装干涉时期，苏维埃共和国处于各个战线的火力包围中，敌人依仗其兵力兵器优势，从四面八方向各个重要的中心冲来，工农红军面临的主要任务是彻底歼灭武装干涉者和国内白匪军，保卫社会主义胜利的成果和巩固年轻的苏维埃政权。军事政治局势和战略目的决定了当时苏维埃工农红军军事战略的两个突出特点：一是目的明确和行动坚决；二是武装斗争的类型和形式多样化。

该时期，进攻被视为最基本、最重要的战斗行动类型，但防御和退却也被广泛采用，防御和退却是被迫暂时采用的战斗行动类型，它们最后都转为1—2个方面军的反攻或总攻。列宁关于军事艺术的

一系列论述成为工农红军军事艺术的主要指导思想。[①] “军事学术以列宁的指示为指导原则，承认进攻行动对争取战争的胜利具有决定性的作用，同时，它也承认，在一定的时期和战略战线的一定地段上，防御战役也是必不可少的。”[②] 通常，计划与实施战略防御的目的是：在某个战区或战略方向上粉碎敌军重兵集团的进攻，扼守重要的地区和地域，为转入反攻创造条件。

根据作者考察的历史资料，国内战争期间，工农红军几乎于国内战争各个阶段在所有的战线上都进行过防御，战略防御约占军事行动总时间的20%。1918 年和 1919 年上半年，红军由于兵力不足，进攻所占比重较小，主要实施防御，红军的战略防御是在尚未完成战略展开的不利条件下组织与实施的，步机枪和炮兵火力同主要方向机动兵力兵器相结合，进行反突击和反冲锋，构成了防御体系的基础。国内战争的后半期，防御行动开始发挥更大的作用。例如1920 年秋，红军在西方面军和南方面军的军事行动中表现得最突出，在对卡霍夫斯卡登陆场的防御过程中，红军建立了完善的防御配系，首次广泛运用了制式反坦克武器，完成了大量的工程作业，同时还运用了反坦克壕、自制地雷和其他障碍物。

国内战争和外国武装干涉时期，红军组织与实施的战略防御实

① 关于防御与进攻的地位、作用及相互关系，列宁曾做过一系列的研究和论述，后来这些思想被作为苏维埃政权建立初期工农红军开展军事行动的基本指导思想。1912 年他根据大量的历史事实，提出反对进行“单纯的”、“消极的”防御。他指出：“如果我们只热衷于防御战，那么，我们不仅是傻瓜，而且是罪犯。”（Ленин В. И. Полн. собр. соч. , т, 42, стр. 173.）早在国内战争和外国武装干涉时期伊始，列宁就教导说：“当形势改变的时候，应该善于改变对敌人的斗争方法。”（《列宁全集》，第 27 卷，人民出版社，1958 年版，第 226 页。）列宁认为，为了胜利地进行战争，必须掌握作战的所有手段、方式和方法，合理地利用它们，巧妙地把它们结合在一起，并根据具体的政治和战略情况及时地、创造性地加以运用。“那种自始至终全是顺利进攻的战争，在世界历史上是从来没有过的，即或有过，那也是例外现象。”最后一句话是最为经典的论述，在许多苏联时期的军事理论研究中都被多次引用。（原文参见 В. В. Турченко：Тенденция развития теории и практики стратегической обороны.«Военная мысль», 1979, №08, стр. 13.）

② В. Г. 茨韦特科夫主编，韦辛、沙方译：《论列宁的军事理论遗产》，北京：解放军出版社，1984 年版，第 205 页。

践主要有以下几个特点：

（一）一个战区或战略方向上的防御与其他方向或战区的战略进攻相结合

在兵力兵器数量有限的情况下，红军通常是在集中了主要兵力兵器的主要战线上实施坚决的进攻，而在其他战线上则是进行战略防御，在某些方向上甚至实施撤退。例如1919年春夏之际，西部战区的战略防御和东部战区的战略进攻同时进行的，在红军东方面军向A. B. 高尔察克（Александр Васильевич Колчак）积极进攻期间，红军南方面军曾不得不放弃顿巴斯，向中部地区撤退，而西方面军则不得不在彼得格勒方向上进行顽强的防御；再比如1919年秋季，南方战线对A. И. 邓尼金（Антон Иванович Деникин）的斗争进入决定性阶段，红军东方面军在敌人优势兵力的突击下退至托波尔河，而西方面军则在彼得格勒方向上重新转入顽强的防御。

（二）防御正面很宽，战役密度低，持续时间长，防御具有基点的性质，不向纵深作梯次配置

同第一次世界大战中的防御不同，红军在设有绵亘防御地带的野战条件下实施防御的例子比较少，因为没有足够的兵力兵器来实施那样的防御，实施防御的目的是为了赢得时间和节约兵力。当敌人企图插入防御集团的侧翼和后方时，则广泛采用反机动的办法对付，其防御形式是典型的机动防御，只构筑薄弱的基点式工事配系，不向纵深作梯次配置。例如，1919年春，东方面军抗击A. B. 高尔察克军队进攻的防御是在1800多千米的正面上实施的，共持续了55天。防御过程中，方面军3月初的兵力为9.48万名步兵，8.9万名骑兵，而当时敌军兵力为11.85万名步兵和骑兵；7月中旬，南方面军在约2500千米的正面上转入战略防御，其兵力为15.76万名步兵和2.58万名骑兵，而与其对抗的俄国南方武装力量有10.45万名步兵和 5.09 万名骑兵。①

（三）战略范围内的防御总体上是以机动防御为主

国内战争时期，红军的作战行动具有很大的机动性，机动不仅在战术上实施，而且在战略范围内也经常实施，它是由国内战争的本质所决定的。M. B. 伏龙芝曾指出：“在国内战争的阶级本质中有许多因素要求充分发展具有决定意义的机动战役。”② 国内战争初期，红军的数量较少，到 1918 年 5 月红军的总人数也不过才 30 多万人，靠这点兵力无法抗击敌人强大的进攻，只有采取逐步消耗敌人的战略，即采用机动防御，节省兵力，以空间来换时间，为最终消灭白匪军和粉碎外国武装干涉者创造条件。此外，受武器装备发展水平的限制，红军兵力兵器的战役密度低，军队编成内都有大量的骑兵，如骑兵军、骑兵集团军等，再加上战区辽阔广大，没有坚固的筑垒防线，所有这些都为广泛实施机动防御提供了可能。国内战争时期的 1918 年和 1919 年上半年，红军所实施的战略防御大都是以机动防御为主的。

（四）扼守重要地域或目标（通常是政治中心或经济中心）的战略防御具有阵地防御的特点，强调顽强性和稳定性

以扼守重要地域或目标为目的主要防御实践包括 1918 年对察里津的防御、1919 年对彼得格勒和奥伦堡的防御，1919 年对乌拉尔斯克的防御、1920 年对卡霍夫卡登陆场的防御等。通常是在城市的接近地和市郊，红军由当地居民协助设置了防御性障碍物和构筑了防御阵地，建立了火力配系，提高了密度。

在组织防御过程中，红军十分重视防御工事的构筑，广泛利用各种防御工事来同敌人进行顽强的斗争。1918 年 8 月 29 日，列宁给

---

① 转引自 B. A. 佐洛塔廖夫著，李效东等译：《俄罗斯军事战略史》，北京：军事科学出版社，2009 年版，第 162 页。原文参见《苏联武装力量在战争、战斗行动和军事冲突中的损失：统计研究》解密材料，莫斯科，1993 年，第 30—31 页。

② 王勇男：“论俄军机动防御理论的演变”，载中国人民解放军国防大学《教学研究资料》1999 年第 21 期，第 1—8 页。

北方战线司令员M. 克德洛夫的电报中，提出了具体要求：“工事修筑工程进展如何？哪些铁路据点配备了爆破手，以便在英法干涉者行军时我们能用较大的力量严重地炸毁和破坏某些桥梁、某几段铁路、沼地中的通路以及其他等等。”① 根据列宁的指示，红军在彼得格勒的接近地构筑了三道防线，城市被分成11个抵抗枢纽，而房屋、街道和广场都构筑了防御工事。1919年10月20日，又给图拉革命军事委员会下令：“要时刻注意防卫工作：掩体工事是否在修筑？工作中有无松劲现象？材料有没有？”1918年8月，当外国干涉者加强反革命力量，而彼得格勒受到威胁日益严重时，红军及时地加强了对海岸线防御的工事配置，在通向喀琅施塔特的接近路上布设了水雷障碍。

1920年对卡霍夫卡登陆场的防御是具有代表意义的阵地防御，红军利用了第一次世界大战中阵地战的经验，在卡霍夫卡登陆场构筑了三个防御地区，每个防御地区构筑有射击掩体、机枪座、避弹所、掩蔽所和交通壕，正面有铁丝网和地雷加以掩护。防守登陆场的步兵第51师战斗队形具有相当大的纵深，军队占领全部三个防御地区，一部分炮兵配置在第聂伯河河岸，3个步兵旅配置在前方地区和主要地区各自的地域内，第4个旅担任预备队，负责扼守桥前（第三）地区。在此次防御中，俄罗斯（苏联）军事艺术史上首次出现了对坦克防御的个别要素：反坦克地雷、同敌人坦克作斗争的专门战炮排和炮兵连。

红军防御的顽强性体现在当时列宁签发的命令、指示和电报中。1918年2月19日给德利萨城工兵农代表苏维埃主席团的电报指出：“在一切可能抵抗的地方进行抵抗。”在给第7集团军革命军事委员会的电报中写道：“无论如何都要守住彼得堡……要尽最大的努力。”

① 中共中央马克思恩格斯列宁斯大林著作编译局：《列宁全集》，人民出版社版，第35卷，1984年版，第355页。

（五）以顽强坚守防线和阵地与灵活实施兵力机动、对敌军集团的侧翼和后方实施强大的反突击相结合，提高防御的积极性

红军在国内战争中的防御战役具有鲜明的积极性，击退进攻之敌的方法是实施强有力的反冲击，并通过正面机动的方法或从未受攻击地段上抽调军队来增强抵抗的兵力，当在某一方向把敌人搞得筋疲力尽，并取得有利的兵力兵器对比时，立即建立突击集团，对敌军进攻集团的侧翼或后方实施强大的反突击。在国内战争时期的各次防御战役中，红军采用了各种各样的战役战略机动样式，但采用最多的机动样式就是以迅猛的侧翼突击并结合以骑兵向敌人后方的纵深突破来迂回和包围敌人，因而骑兵在防御的积极性方面发挥了重要的作用。此类防御战役的目的是疲惫和削弱敌人，使其不能自由地机动，并为反攻创造条件。最典型性的例子是1918年夏季和秋季在察里津进行的防御、1919年夏季和秋季在彼得格勒进行的防御。

（六）战略预备队数量有限是红军在组织战略防御中面临的突出难题

国内战争中，战略预备队十分缺少，担任防御的集团军和方面军都无法建立充足的预备队。1919年3月，在A. B. 高尔察克发起进攻期间，红军总司令向列宁的报告提到："各个战线的军队在阵地上作战大约一年时间没有换班了，由于作战地段太宽（往往1个师的正面宽200俄里）和敌人的直接进攻，不仅集团军没有预备队，而且方面军预备队都无法建立。部队守在火线上没有换班，也不可能进行整顿、补充及按建制编成战斗单位。为了将部队从这一战线向另一战线进行战略调动，不得不直接撤走火线上的部队，而将该地的防务交给友邻部队，因而防线遭到严重虚弱。"① 红军解决战略预备队的方法就是在战线内部或战线之间进行积极的变更部署，将

① 转引自B. Д. 索科洛夫斯基著，中国人民解放军军事科学院译：《战略》，北京：中国人民解放军军事科学院，1963年版，第122页，原文参见苏军中央档案馆档案。

担任次要任务的方向或战线上的兵力调往担任主要战略任务的方向或战线，这也是红军防御机动性的突出特点。

（七）某些战略防御行动是以退却而结束的，退却纵深较大

国内战争和外国武装干涉斗争的初期，由于外部和内部敌对势力强大，工农红军的兵力兵器不足，技术装备落后，防御准备不完善，红军在组织与实施战略防御的过程中曾多次陷入困境甚至危急状态，军队被迫进行退却，并且多数情况下要丢失大片地区。退却是作为一种非常措施被允许采用的，目的是为准备实施坚决的进攻提供更加有利的态势。“在撤退或退却时，红军指挥部通常预先规定退却的范围，并要求部属具有坚强的意志和自我牺牲精神。退却通常从夜幕降临时开始，在由步兵部队、骑兵部队、装甲汽车部队组成强大后卫的掩护下实施，当一些集团军（兵团）在占领地区建立防御后，其他集团军才可撤到下一道防线。”① 当东方面军进攻 A. B. 高尔察克军队时，南方面军撤到了国家中心地区；1919 年秋季，当与 A. И. 邓尼金军队的作战进入关键阶段时，东方面军在敌人优势兵力的压力下暂时撤至托波尔河附近，其后退纵深达到了 180—390 千米。

二、关于消耗战略与歼灭战略的学术争辩

20 世纪 20 年代，国内战争和外国武装干涉时期结束后，苏联军事思想史迎来了第一次发展相对活跃、开放的时期。1926 年，伏龙芝军事学院军事科学协会组织了“消耗战略和歼灭战略”学术辩论会，由此拉开这场学术争辩的序幕，双方争论的焦点是在未来的战争中将采取什么样的战略：消耗战略还是歼灭战略？1926 年 A. A. 斯韦钦的《战略》一书的问世，更是将这场学术争辩推向了高潮。

“消耗战略”（стратегия измора）同“歼灭战略”（стратегия

① B. A. 佐洛塔廖夫著，李效东等译：《俄罗斯军事战略史》，北京：军事科学出版社，2009 年版，第 166—167 页。

сокрушения）相对，是指“在战争中不靠交战和击溃敌军取得胜利，而是通过在战区内有计划地机动军队，迫使敌人丧失供给来源和基地、有利阵地、交通线等途径来取得胜利的一种作战方法。”[①]采取这种战略时，虽不排除交战，但仅在万不得已时才进行交战，在不损一兵一卒、保存军队实力的情况下不战而胜，被视为军事艺术的巅峰。消耗战略的思想同中国古代孙子“智取”的思想有很大的相似之处，强调“慎战、不战而屈人之兵”。

“消耗战略”的概念最早是由普鲁士军事理论家和军事历史学家德尔布吕克（Max Ludwig Henning Delbruck）提出的，“消耗战略”在16—17世纪的欧洲极为盛行。苏联军事历史上，最早提出“消耗战略”的军事理论家是M. B. 伏龙芝，随后总参军事学院教授A. A. 斯韦钦在《战略》（1926年）中详细阐述了“消耗战略”的思想，支持“消耗战略”观点还有Б. М. 沙波什尼科夫（Борис Михайлович Шапошников）等军事家。[②]

支持“歼灭战略”的代表人物是A. M. 扎伊翁奇科夫斯基（A. M. Зайончиковский），他论证了“歼灭战略”的方法，认为“战略进攻具有各种优越性：统帅部掌握有主动权，军队具有进攻锐气，只有采取这样的战略，才能速战速决，热爱和平的人民不应当只准备进行防御”。[③] 他的观点在当时苏联军事学术家当中非常具有普遍性，他们认为，最好的战略防御就是迅速地向敌国腹地实施进攻，使别国领土变为战场。

---

① 中国人民解放军军事科学院译：《苏联军事百科全书·战争理论卷》，北京：解放军出版社，1986年版，第548页。

② Б. М. 沙波什尼科夫指出：“未来战争中极有可能具有消耗战的性质，但是，根据敌国的幅员、敌人内部的情况、敌国内阶级斗争的发展，也不排除具有歼灭战略的可能……要准备在未来战争中经受长期而高度的紧张。”（转引自И. А. 科罗特科夫著，李大军、毛雨译：《苏联军事思想史》，解放军出版社，原文参见Б. М. 沙波什尼科夫《回忆录（军事科学著作）》，莫斯科，1974年版，第449—450页。）

③ 转引自A. M. 扎伊翁奇科夫斯基：《高级指挥人员军事研究班和工农红军军事学院战略讲义（1922—1923）》，第2编，莫斯科，1923年版，第36页。

“消耗战略”与“歼灭战略”学术争辩的实质是探讨和确定未来武装的可能样式，反映了当时年轻的苏维埃军事理论界对最重要战略问题之一的积极探索。“消耗战略”是同战略防御和战略进攻紧密相关联的，它并不排除战略进攻行动，而“歼灭战略”则是同战略进攻密切联系的。从军事辩证的角度来看，战略防御与战役战斗的进攻、战略消耗与战役战斗的歼灭，以至战略防御与战略进攻、战略消耗与战略歼灭，它们之间的关系都是辩证统一的，可以相互转化。苏维埃政权建立初期，这场起始于20世纪20年代初，持续到30年代前半期，轰轰烈烈的学术争辩基本上伴随了苏联军事理论起步、发展和形成自身独特体系的全过程，争辩的最终结果是“消耗战略”被否定、A. A. 斯韦钦惨遭杀戮和其《战略》一书被列为“禁书”，苏联的战略防御思想的发展陷入到前所未有的低潮。

三、M. B. 伏龙芝的战略防御思想：消耗战略的提出者

米哈伊尔·瓦西里耶维奇·伏龙芝（Михаил Васильевич Фрунзе）是苏联党务和国务活动家，军事家，卓越的统帅和军事理论家，苏联武装力量的积极组织者和创建者。国内战争和外国武装干涉时期，M. B. 伏龙芝领导和指挥军队取得了一系列重大战役的胜利，展示了其卓越的统帅才能，其中包括被列宁称为“红军史上最光辉一页”的粉碎 П. Н. 弗兰格尔（Пётр Николаевич Врангель）军队的胜利。[①] 战争结束后他先后担任工农红军参谋长，苏联革命军事委员会副主席、主席，陆海军人民委员等职位。

M. B. 伏龙芝领导与指挥的一系列重大战役都强调进攻的积极性和坚决性，“进攻永远会震撼敌人的心理”，“进攻总比防御有

① 1920年，由M. B. 伏龙芝任司令的红军南方面军彻底粉碎了弗兰格尔军队，B. И. 列宁在全俄苏维埃第八次代表大会上高度评价红军的胜利：“我们彻底地、坚决地、非常迅速地打败了弗兰格尔，这个胜利是红军史上最光辉的一页。”（原文参见：中共中央马克思恩格斯列宁斯大林著作编译局：《列宁全集》，第31卷，人民出版社，1958年版，第443页。）

利”，其军事思想具有坚决的进攻色彩，它是由保卫年轻的苏维埃政权、抗击与粉碎国内白匪军和外国武装干涉军事行动的战略目的所决定。国内战争胜利后，为巩固苏维埃政权和加强工农红军的建设，任苏联革命军事委员会副主席兼苏军总参谋长的 M. B. 伏龙芝根据当时国内外的军事政治形势，制定了“通过持久作战，消灭进犯之敌”积极防御的战略方针，肯定战略进攻是红军战斗行动的基本类型，又承认防御和退却是必要的，并强调说，只有根据具体的客观条件，把军事行动的各种样式和方法灵活而合理地结合起来，才能取得战争的胜利。从历史上看，战略防御思想也是 M. B. 伏龙芝军事思想的重要组成部分，其主要特点包括以下几个方面：

（一）在战略上立足于持久的消耗战，同时又不放弃速决的歼灭战

M. B. 伏龙芝是苏联时期最早提出“消耗战略”的军事家，甚至比 A. A. 斯韦钦要早几年。1924 年，针对苏军在对未来战争的特点和战略问题认识上存在的分歧，M. B. 伏龙芝在《未来战争中的前线与后方》一文中，根据第一次世界大战的经验和军事技术发展的状况，提出要重新研究战略原则。

M. B. 伏龙芝在 1925 年苏维埃代表大会上作题为《红军和苏联国防》的报告时指出：“整个国家的防御体系应建立在对这个国家可能面临的军事冲突性质做出准确而清晰的判断基础上。”[①] 他认为，当装备优良的敌对双方发生冲突时，一次性歼灭突击是不能达到战争目的的，未来战争将是一场长期的、残酷的竞赛，交战双方的全部经济和政治基础都要在这一场竞赛中受到考验，国家和武装力量的战争准备，其基本立足点应当放在未来战争的持久性和剧烈性上，应当从这一考虑出发去制定自己的全部战略计划。“用战略的字眼来

① 转引自《伏龙芝选集》，莫斯科，1984 年，第 409 页。

说，这就是闪电式的、实施决定性突击的战略变成了消耗战略”[①]。

随后，根据军事技术和军事政治局势的发展，M. B. 伏龙芝又对上述观点进行了修正，指出在未来的战争中，敌人不一定完全放弃‘歼灭战略’，因为“敌人营垒内阶级矛盾越是尖锐，他们越是把希望寄托于‘歼灭战略’上，以求集中大量兵力、兵器，通过一次决定性突击，在最短的期限内取得胜利”，尽管苏维埃政权面临的敌人十分强大，但敌人靠歼灭战略是战胜不了苏维埃工农红军的，在任何条件下，未来战争都将是持久性的。

M. B. 伏龙芝同样不否定战略进攻和“歼灭战略”，他指出，资本主义国家由于国内阶级矛盾日益加深和尖锐，以致士气低落，民心涣散，可能经不起最初的严重打击，因此“我们也绝不必完全放弃闪击战略……但尽管如此，我们仍须随时准备进行长期的顽强的战争”。

因此，按照 M. B. 伏龙芝的观点，苏维埃工农红军“在战略上应立足于持久的消耗战，同时又不放弃速决的歼灭战”。[②] 第二次世界大战的进程表明，法西斯德国正是依靠“歼灭战略”在战争初期占领了波兰、法国等欧洲国家，但当开始进攻苏联时，正如 M. B. 伏龙芝所预料的，德国法西斯的“歼灭战略”优势不复存在，战争开始具有前所未有的激烈性和持久性，希特勒德军的进攻倒在了苏军“消耗战略”（战略防御）之下，最终以彻底的失败而告终。客观上说，M. B. 伏龙芝能在苏联国力还很羸弱的时候就做出准确的分析判断，是十分难能可贵的，体现其卓越的战略意识和统帅艺术。

（二）将阵地战与机动战甚至包括退却，灵活结合实施

M. B. 伏龙芝坚决反对墨守成规和呆板保守，反对将选定的战役战斗行动的形式和方法固定化，对任何一种形式的盲目崇拜都隐

---

① 转引自 M. A. 加列耶夫著，周鄂川等译：《伏龙芝的军事思想与苏联现代军事理论》，国防大学，北京，1986 年，第 175 页。原文参见《伏龙芝文集》，第 3 卷，第 10 页。

② 孙公达：“苏联 30 年代初对消耗战略的批判及其教训”，载《军事历史》1987 年第 6 期，第 30 页。

藏着严重的危险，为此，他提出："应当力求使作战方法和指挥机构具有最大的适应性和灵活性，能采取一切可以运用的斗争手段和样式，一切方法只要是得其时、得其所，都可能是好的，而军事首长的指挥艺术就在于从各种复杂的方法和手段中，选择用在当时当地的最适当的方法。"①

M. B. 伏龙芝肯定了进攻是红军战斗行动的基本类型，但同样承认防御和退却是必要的。他在许多著作中反复强调指出："红军作战时，应当充满积极进攻的精神，而且行动要坚决，同时不要把自己的行动局限于击退敌人的突击上……所谓积极进攻的精神，是就军事理论和军事战略的总方针而言的，并不是说进攻是唯一的战略行动。"换句话说，军事战略方针上可以是积极进攻的，但具体到战略行动中则必须要把进攻与防御灵活结合起来。

M. B. 伏龙芝提出，当进攻不利或者不可能时，应当进行防御，必须在战略和战役战术范围内把进攻和防御作为武装斗争的主要形式结合起来，"机动将是我们未来进行的战役的基本特点，但是这一机动特点要求我们要广泛和全面地了解阵地战形式。"他指出，即不要低估也不要夸大阵地战在未来战争中的作用，当需要用固定阵地保障机动时，就要进行阵地战。他认为，无论是在第一次世界大战中，还是在国内战争时期，防御总是和进攻结合在一起的。

针对当时工农红军中普遍存在的轻视防御或否定防御、否定第一次世界大战中的阵地战、认为"阵地战"是"过时的"等观点，M. B. 伏龙芝提出批评意见，指出第一次世界大战"阵地战"的经验仍然具有十分重要的作用，它同红军所强调的"机动"并不矛盾，"机动战"并不意味着排除了"阵地战"这种重要的军事行动样式，在某些特定的局势和特定的地段上，必须要进行"阵地战"，为此，不仅要了解"机动战"的样式与方法，还应该了解"阵地战"的样式与方法。1929 年，他在题为《红军的军事政治教育》的报告中指

① М. И. Владимиров, А. Е. Иванов, Б. М. Каневский: « М. В. Фрунзе: Военная и политическая деятельность », М, Воениздат, 1984. http: //militera. lib. ru/bio/frunze/index. html.

出："我们中间有些人，认为既然肯定了机动的原则，那就可以完全否定阵地战。这种看法当然是极端错误的，对红军也是极其有害的。把机动性和阵地战这两个原则针锋相对地对立起来是不正确的，任何一场高度机动的战争都不能没有阵地战，为了保证机动，在一定条件下就需要进行阵地战。"①

他又论证了退却的合理性，指出："有时，退却不仅不可避免，甚至是必要的和有利的。……退却不是逃跑……也有力求保存有生力量、或缩短正面、或诱敌深入以确保粉碎敌军的战略退却……我军的指挥员应当提醒自己，并教育部属，让他们也懂得，撤退是进攻战役总过程的一部分，撤退有时正是为了创造有利的态势，以便再次实施坚决的进攻，我们应当抓住问题的实质，而不应只看到它的表面现象。"②

（三）正确判断战争初期形势，提前做好防御准备，制定详细的战略计划

M. B. 伏龙芝高度重视战争初期的研究，他对未来敌人发动战争的各种可能方案作了评估，相当准确地预言到："敖德萨、基辅、明斯克、列宁格勒等重要的大城市将会是敌人空袭的首要目标。"③他提出一支作战部队应首先做好准备，抗击敌人的入侵，根据他的计算，苏军这支作战部队的数量应维持在 170 万人，才能保证红军全部力量进行充分动员和展开，军队的掩护行动应当是坚决的和机动的，他将这一任务赋予了骑兵。

他还认为，由于苏联国家幅员辽阔、交通不发达等一系列原因，国家和军队需要相当长的一段时间进行战前准备和动员。"在这段时

---

① М. И. Владимиров, А. Е. Иванов, Б. М. Каневский: « М. В. Фрунзе: Военная и политическая деятельность », М., Воениздат., 1984. http://militera.lib.ru/bio/frunze/index.html.

② 转引自：M. A. 加列耶夫著，周鄂川等译：《伏龙芝的军事思想与苏联现代军事理论》，国防大学，北京，1986 年，第 175 页。原文参见《伏龙芝文集》，第 3 卷，第 406 页。

③ 转引自：M. A. 加列耶夫著，周鄂川等译：《伏龙芝的军事思想与苏联现代军事理论》，国防大学，北京，1986 年，第 175 页。原文参见：《伏龙芝文集》，第 2 卷，第 62 页。

间内，军队的行动特点可能是多种多样的，既可能是防御作战……也可能是进攻作战。到底采用什么样的作战方式，是事先无法确定的，它取决于我们怎样使用掩护部队”[①]。因此，根据他的观点，战争初期，红军实施进攻还是防御，应该是预先计划好并组织落实的。伟大卫国战争前夕，苏军对战略计划并没有予以高度重视，而是想当然地以为在遭受到敌人的突然袭击后立刻发动反攻，将军事行动推进到敌人的领土上去。

此外，M. B. 伏龙芝还多次强调，军队应当保持高度的战备状态，随时做好抗击外敌入侵的准备，并巩固苏维埃国家强大的国防实力。在一次克里姆林宫军事长官会议上，他提出：“现在是时候把工农红军的战备状态提高到更高的水平了，完善军队的战备状态应当是经常性的，绝对负责任的，根据各种不断增长的需求出发，那样的话，任何突然性事件都不会使我们猝不及防，惊慌失措。”[②]

（四）重视强大、稳定的后方对战略防御所起的重要作用

后方的状况是战争中的决定性因素，强大、稳定的后方是顺利进行战争的最重要条件之一，对准备、组织与实施战略防御来说，其重要性更不言自明。M. B. 伏龙芝在《未来战争中的前线与后方》《红军和通信人员》中详细阐述了后方的作用，提出随着武装的长足发展，前线和后方将统一，两者之间的界线必然会消失，他指出：“在今天，前线和后方的联系应该更密切、更直接和更有决定意义，前线每时每刻的生活和工作都取决于后方的工作和后方的状况，从这个意义上说，作战重心已从前线转移到了后方。”[③] 后方通常能给前方以物质方面和精神方面的支持，如果后方是稳定的，那么即使

① 转引自：M. A. 加列耶夫著，周鄂川等译：《伏龙芝的军事思想与苏联现代军事理论》，国防大学，北京，1986 年，第 175 页。原文参见：《伏龙芝文集》，第 3 卷，第 167 页。

② М. И. Владимиров, А. Е. Иванов, Б. М. Каневский: « М. В. Фрунзе: Военная и политическая деятельность », М, Воениздат., 1984. http://militera. lib. ru/bio/frunze/index. html.

③ М. И. Владимиров, А. Е. Иванов, Б. М. Каневский: « М. В. Фрунзе: Военная и политическая деятельность », М, Воениздат., 1984. http://militera. lib. ru/bio/frunze/index. html.

前方战事出现挫折，也可以动用后方现有的人力物力资源，快速恢复部队的战斗力，继续投入到武装斗争中。伟大卫国战争中战略防御的胜利已经充分证明了这一点，斯大林总结的苏联红军胜利关键因素之一就是“稳定的后方”，而早在伟大卫国战争爆发的前10年M. B. 伏龙芝已经意识到了这一关键因素。

（五）防御观点在条令和正式文件中的具体体现

M. B. 伏龙芝关于战略防御的观点大都集中体现在国内革命战争结束后苏军所制定的条令和正式文件中，甚至包括军队演习当中。他任工农红军军事学院（今俄罗斯武装力量合成学院，苏联时期称“伏龙芝军事学院”）院长时，学院的教学方针中都有相应的体现。①当时，所有条令、文件、教材都十分重视防御问题，以1925年工农红军的野战条令为例，有关防御的规定达213条，对如何在宽大正面上实施防御、在被合围时进行战斗以及突围等问题都进行了详细的说明。

当时工农红军的条令规定，防御的基本目的是：迫使敌人放弃进攻，赢得时间集中兵力兵器为转入进攻创条件。1924年M. B. 伏龙芝批准的工农红军军事学院《步兵战斗勤务教程》中规定：“防御是作为击退拥有优势兵力敌人的进攻手段来运用的，目的在于重新转入进攻，认为防御将具有积极和机动的特点，应把牢固坚守占领的阵地和实施强大的反冲击、反突击相结合起来。”② M. B. 伏龙芝所提出的防御具有较强的积极性和机动性，他教导说：“在防御中，主要的不是堵塞漏洞和支持退却部队，甚至也不是恢复原先的

---

① M. B. 伏龙芝传记中曾这样写道：“工农红军的条令、文件和教材都是集体智慧的结晶，但身为工农红军参谋长和军事学院院长的M. B. 伏龙芝并不是一般性地批准这些文件，而是积极参与了文件的拟制工作，深入推敲各种表达方式，还直接口述或撰写了一些重要部分的内容。”因此，这些条令、文件和教材等基本上反映了当时以M. B. 伏龙芝为代表的主流官方军事理论家们的观点。

② M. A. 加列耶夫著，周鄂川等译：《伏龙芝的军事思想与苏联现代军事理论》，国防大学出版社，北京，1986年版，第218页。

态势，而是向敌人实施突击和夺取主动权，以便从根本上扭转局势。”①

关于防御的配系，M. B. 伏龙芝提出它应该包括：若干防御地带、工事构筑、有组织的火力、预备队反冲击、对空防御和反空降。师防御地带宽为10千米，团的防御地带宽度为2—4千米。阵地编成的弱点是防御为基点式的。另外，根据第一次世界大战和国内革命战争的经验，工农红军开始重视反坦克防御，20世纪30年代它被看成是战斗保障最重要的形式之一。

M. B. 伏龙芝总结了一条重要的规律：越善于利用与组织防御，就越能为顺利实施进攻创造良好的条件。他认为，在现代条件下“进攻”与“防御”的概念及相互关系增加了许多新的内容，防御在很大程度上包含了反突击，通常情况是防御中要运用进攻部队使用的手段和方法，防御与进攻之间相互关系、部队的防御行动与进攻行动之间的结合都发生了重大变化，当从一种行动转入另一种行动时，同以往的任何一场战争相比，两者都更具有快速性和坚定性。

四、A. A. 斯韦钦的战略防御思想：消耗战略的论证者

亚历山大·安德烈耶维奇·斯韦钦（Александр Андреевич Свечин），俄国和苏联军事历史学家、军事理论家。A. A. 斯韦钦曾参加过1904—1905年俄日战争和第一次世界大战，先后担任连长、军参谋、团长、师长、集团军参谋长、方面军参谋长等，十月革命胜利后转向苏维埃政权，曾担任全俄总司令部参谋长，工农红军总参军事学院教授。两次战争的参战经历以及军事学校的教学科研活动对A. A. 斯韦钦战略防御思想的形成与发展产生了重要的影响。

20世纪20年代末30年代初，斯韦钦准确地预测了伟大卫国战

---

① М. И. Владимиров, А. Е. Иванов, Б. М. Каневский: « М. В. Фрунзе: Военная и политическая деятельность », М., Воениздат., 1984. http://militera.lib.ru/bio/frunze/index.html.

争的进程，对当时战争的性质、进程和作战方法都做出了准确的判断，填补了当时苏联战略防御理论方面的空白，对于当时即将爆发的第二次世界大战具有重要的指导意义。尽管他的学术著作同当时许多关于“少流血的、在别人领土上的战争”的著作有着较大的区别，但却没有人对此加以重视，斯韦钦的观点不但没有被苏联军方高层接受，反而遭到了以 M. H. 图哈切夫斯基、K. E. 伏罗希洛夫等“红色军事理论家们”的猛烈批判与指责，因为“那里不喜欢坏的真相”，在随后的军队大清洗运动中，A. A. 斯韦钦最终难逃被清洗的命运。俄联邦前国防部第一副部长 A. A. 科科申遗憾评论：“A. A. 斯韦钦等人根据对敌我双方的深入了解、在科学和严谨的预测基础上撰写出来的著作被 30 年代末至 40 年代初普遍盲目自信而且才疏学浅的许多苏联领导人彻底否定了。”①

（一）消耗战略包含战略防御与战略进攻，歼灭战略不可能包含战略防御

A. A. 斯韦钦对判断未来战争的性质与进行战争的方法研究有其独到之处，他曾长期从事历史研究，分析了不同历史时期俄国（苏联）和外国战例，然后根据对历史的深入研究及发展趋势来评估未来战争的性质。A. A. 斯韦钦曾直言不讳地说：“我们研究现代战争是从它的全部客观条件着眼的，并不想把我们的理论缩小到粗糙而不成熟的红色苏维埃军事战略范围之内。”②

针对当时军事理论界“歼灭战略”（стратегия сокрушения）与“消耗战略”（стратегия измора）的争辩，A. A. 斯韦钦在《战略》中详细阐述“消耗战略”的思想，主张必须把战争的各种样式——歼灭战争和消耗战争结合起来，将战略防御和战略进攻有机结合起来。他认为，在现代条件下，当大国及其军事联盟之间发生对抗时，

① A. A. 科科申著，王吉良等译：《战略领导论》，北京：军事科学出版社，2005 年版，第 203 页。

② A. A. Свечин：«Стратегия»，Государственное военное издательство，М.，2000. стр. 8.

战争将具有空前长时间的持续性质，包含各种各样的武装斗争形式，以往战争中实施一个或几个会战来迅速决定战争结局的可能性已经不存在了，即实施“歼灭战略”的客观提前不存在了，应当予以放弃。

他认为，采用“消耗战略”有一个客观合理性，即“歼灭战略”不可能包含战略防御，而“消耗战略”则可能既包含战略防御，也包含战略进攻。在“消耗战略”范围内，战略进攻可能表现为局部的歼灭行动，只是它应当建立在防御的基本战略思想基础之上。他还指出，“消耗战略”绝不是说要故意拖延军事行动，当双方势均力敌，无法采取歼灭战略时，才被迫转入消耗行动。因此，A. A. 斯韦钦认为，“消耗战略”是达成政治目的的困难方法，它要比对敌人心脏地区实施短促的歼灭性突击消耗多得多的物力，“只有在不可能以一种方法结束战争时，才会选用消耗战略”。[①]

虽然 A. A. 斯韦钦是“消耗战略”的倡议者，但他同样不反对“歼灭战略”。他认为，完全有可能以最小的人力物力消耗，在短时间内结束战争，但必须具备下列必要条件：军事准备已达到能够迅速最大限度地动员本国战斗力的程度；有广阔的陆地和纵横交错的良好交通线；兵力占有相当大的优势；敌方国家政权在政治上软弱。[②] 他还分析指出：“红军中之所以存在轻视防御的现象，是因为对进攻与防御之间的辩证联系缺乏了解；谁不会防御，谁就无法进攻；应当善于通过坚固的防御为进攻创造前提，还应当去争取进攻的胜利。”

（二）战略防御同战略进攻相结合，追求消极目的的战略防御可以追求积极的最终目标

A. A. 斯韦钦认为，“每场战役都必然是进攻要素和防御要素的结合，尽管如此，我们还是划分了进攻战役和防御战役，划分的依

---

① A. A. Свечин:«Стратегия», Государственное военное издательство, М. , 2000. стр. 180.

② A. A. Свечин:«Стратегия», Государственное военное издательство, М. , 2000. стр. 43.

据是战略提出的行动目的是积极的还是消极的。如果战略规定了一系列的积极目的，那么它就是战略进攻；如果战略规定了一系列的消极目的，那么就是战略防御。”

A. A. 斯韦钦并不赞成下述的观点：任何武装战线上的延迟都一定会对追求消极目的一方造成损失。他指出，政治上进攻的目的可以同战略防御联系到一起，双方的斗争可以同时在经济和政治战线展开，如果那里的时间对己方有利，即利弊均衡朝对己方有利的方向发展，那么纵然是武装战线没有取得任何进展，战场上双方实力对比会朝有利的方向发展。如果战争具有封锁战的性质，例如沙皇俄国围困沙米尔达吉斯坦的伊玛目国、英国围困拿破仑一世的法国和威廉二世的德国，那么武装战线就会获得胜利，因为时间对它来说是有利的，由一系列消极目的的战役构成的战略防御可以追求积极的最终目标。

A. A. 斯韦钦指出，第一次世界大战中，协约国开始对德国追求积极的最终目标的时间不能归结到 1918 年 7 月，即武装战线开始向前挺进的时间。他认为，开始追求积极的最终目标的时间是从军事行动开始时算起，尽管战争前几年协约国军事行动没有在战线上前进一步，甚至俄国军队 1915 年撤出波兰时进行了 5 个月防御战役，迫使德军耗费了大量的时间和兵力（这些兵力在法国可以取得巨大的战绩），协约国的军事行动，从消耗战略的观点看，它们就是最终击溃德国一系列军事行动中十分关键的环节。

他认为，追求消极的目的，要求保存全部或部分现有的态势；追求积极的目地，要求占领对方领土，将战线向前推进。从总体上来说，前者的军事行动要比后者的军事行动消耗较少的财力和手段，保存现有的实力总要比夺取新的实力相对容易。处于最弱势的一方，自然而然，会转向防御。无论是在政治方面，还是在军事艺术方面，必须具有前提条件：拥有保持当前局势的稳定性和防御能力。A. A. 斯韦钦曾作了一个十分形象地比喻：“像海浪不断拍打岸边的岩石一样，历史斗争通常会席卷国家结构的各个方面，波及国家各条蜿蜒崎岖的边境线，要求防御能力必须具有稳定性。”

A. A. 斯韦钦的战略防御理念首先要求建立纵深梯次积极的战略防御体系，在一定阶段由一个个局部反突击转向反攻，再转入总攻，最终导致彻底粉碎敌人。他的战略防御理念具有坚实的理论基础，是立足于克劳塞维茨“防御优于进攻”的理论，并将其根据当时战争的条件进行了发展。A. A. 斯韦钦选择在战争第一阶段实施战略防御，是发展了克劳塞维茨关于用人民战争抵抗入侵本国国土之敌的思想（现成的游击战争理论）。

（三）根据国家领土的大小和被掩护目标的重要程度选择防御的样式和方法

A. A. 斯韦钦提出，必须固守的防御地区，要根据国家领土的大小和被掩护目标的重要程度，选择组织与实施战略防御的方法，选择采用运动防御样式还是采用阵地防御样式。他认为，未来战争中应当考虑到，在战役展开阶段一开始就布置好阵地防御正面的某些地段，如果边界只有几百千米长且有牢固的地理边界，那么可以期待在战争初期就形成阵地防御正面。A. A. 斯韦钦还强调指出，要根据防御地区的特点来决定正面防御的密度，他认为：“富饶的工业中心、重要的交通枢纽和便于横向调动的干线道路，都是必须要牢固占领的地段；对于其他无重要地理目标的地区，掩护兵力相对较弱，但这种差距不像在运动战中那么大。”①

（四）根据政治、地理、经济等因素对军事行动的影响，判断敌人突击方向，制定战略防御计划

俄联邦国防部前第一副部长 A. A. 科科申曾说：“当时 A. A. 斯韦钦对现代战略和战术的理解几乎胜过工农红军中所有人，他绝对准确并且有根据地预测到了第二次世界大战整个开始阶段的进程。”

---

① А. А. Свечин：«Стратегия»，Государственное военное издательство，М，2000. стр. 187 ~188.

A. A. 斯韦钦认为，波兰将成为希特勒侵略的第一个目标，因为波兰的军队部署非常有利于德军的打击。诚然，在 1939 年波兰的大部分军队部署在被称为“但泽走廊”的狭窄空间，该地段是波兰的波罗的海出海口，被德国领土从三面包围着，这就使得德国人能迅速包围波兰人并很快攻入华沙。

早在 1924 年 A. A. 斯韦钦就对未来的侵略者将对苏联较为发达的经济地区实施主要突击，其中就包括乌克兰，并且那里广阔的平原适合快速机械化部队的推进等观点提出了反对意见，A. A. 斯韦钦首先提出了这样的观点：未来战争的初期阶段敌人的政治目标将优先于经济目标。他确信敌人将首先对半农业化的白俄罗斯，而不是经济发达的乌克兰，实施主要突击，因为白俄罗斯是通向全国政治中心莫斯科的最佳捷径。

A. A. 斯韦钦强调：“应当集中所有的兵力用在保卫莫斯科上，那里将是关键性的一盘棋。”但战争前夕，斯大林在莫斯科方向部署的兵力和物资要远远少于在乌克兰的兵力和物资，这引起了 A. A. 斯韦钦对列宁格勒命运的极大担忧。A. A. 斯韦钦早就预先警告和反对将工业和居民继续集中到这个巨大的城市中，因为它的地理位置相当容易陷入到包围中。他指出：“沙皇政府不惜与大自然作对，在彼得堡建立了大量的政府机构。列宁格勒的工业在 1925 年占苏联全部工业的 14. 6%，其中在列宁格勒集中了橡胶工业的 56%、电器工业的 48%、金属工业的 13% 以上。此外，列宁格勒还集中了大量对工业动员十分重要的柴油发动机、机床、设备制造业等，再加上列宁格勒远离燃料、粮食和原料产地，战略地位对其非常不利。”① 列宁格勒的命运令 A. A. 斯韦钦非常担忧，他认为列宁格勒必将是“未来战争中的塞瓦斯托波尔”，必须避免遭受 1853—1856 年克里米亚战争期间塞瓦斯托波尔防御中损失数百万人的命运。

---

① A. A. 科科申著，王吉良等译：《战略领导论》，北京：军事科学出版社，2005 年版，第 180 页。

A. A. 斯韦钦深远甚至大胆的预见体现在他曾提议的南部方向防御计划。当时，他建议，如果战争爆发，苏军可以主动放弃右岸乌克兰地区，而加强左岸地区的防御，将第聂伯河变成一道无法逾越的防坦克壕。若苏军最高领导层采用了此计划就可以避免发生 1941 年秋的基辅惨败，当时苏军付出了极大的代价也只是短时间内遏制德军和保卫基辅。

五、战前战略防御思想发展的低潮

20 世纪 20 年代中期到伟大卫国战争爆发前的十多年时间内，苏联军事理论有了较大的发展，曾成功解决了进行战略性战役和整个战争的一些重大问题。但苏军并不是对所有战略问题都研究得深入和全面，苏联军事战略在发展中还“存在着一些不足的因素和错误”，最为严重的错误莫过于战略防御理论完全被忽视，当时苏军特别强调战略进攻，将其视为基本的、决定性的战略行动类型。

该时期是俄罗斯（苏联）战略防御思想发展史上“前所未有”的低潮时期，其主要标志性事件是 1930 年前后苏联在军事理论战线上进行了一场声势浩大的批判错误军事理论的斗争，斗争的主要焦点指向了苏联前工农红军总部参谋长、伏龙芝军事学院教授 A. A. 斯韦钦，批判的重点就是他在《战略》中关于消耗战略和战略防御问题的论述。以 K. E. 伏罗希洛夫（Климент Ефремович Ворошилов）、M. H. 图哈切夫斯基为首的“红色军事理论家”们将 A. A. 斯韦钦批判“披着苏维埃战略家伪装的阶级敌人”，将他关于消耗战略和战略防御的论述斥责为军事科学战线上的反动理论。

从这场历史大批判伊始，苏联的战略防御思想便开始进入到历史的最低谷，纵然是苏联伟大卫国战争胜利后开始平反的 20 世纪 50 至 60 年代，A. A. 斯韦钦的战略防御思想依旧没有重见天日，“我国（苏联）那些被镇压、最终也没有完全回归军事政治和军事战略思想的军事理论家和军事历史学家的论著依然被束之高阁，尽管一些学者和军事将领做了许多努力”。[1] 这种状况一直到苏联解体近10年后才得到了改善，2000年A. A. 斯韦钦的《战略》得以重新出版。具有讽刺意味的是，A. A. 斯韦钦的《战略》是第一次世界大战结束后俄罗斯军事学术史上第一本关于军事战略理论的著作，但是它自20世纪30年代以后就再也没有出版过，而在美国的军事院校，《战略》一直作为教材传授至今。[2]

（一）战略防御思想被否定（20世纪30年代至伟大卫国战争爆发）

20世纪30年代，苏联军事界批判A. A. 斯韦钦“消耗战略”的过程中，军事战略方针逐步发生了转变，M. B. 伏龙芝在世时确立的“通过持久作战，消灭进犯之敌”的战略方针逐步被摈弃。1928年苏联中央军事学会机关刊物《战争与革命》发表文章，已经提出：“最好的战略防御，就是迅速向敌国腹地实施进攻，使别国领土变为战场。”即御敌于国门之外的速决进攻战略。随后不久，M. B. 伏龙芝的继任者、苏联陆海军人民委员兼军委主席K. E. 伏罗希洛夫将上述主张正式加以宣布，强调要在“首先向我国动武的国家领土上”实施军事行动。与此同时，20世纪30年代到伟大卫国战争爆发前苏军几次对外战争（武装冲突）取得的胜利为苏军推行“御敌于国门

① A. A. 科科申著，王吉良等译：《战略领导论》，北京：军事科学出版社，2005年版，第358页。

② 20世纪二三十年代的苏联军事战略思想和作战思想都得到了美国人的高度评价和借鉴，“大纵深战役”和“大纵深战斗”理论，都被许多人视为当今美军现有条令和教令内容的前驱，A. B. 苏沃洛夫的《致胜的科学》、A. A. 斯韦钦《战略》等苏联军事思想史上的优秀理论著作都曾是美国军事院校的必修教材。

之外的速决、进攻战略”提供了依据。①

20 世纪 30 年代，大纵深进攻战役理论的横空问世，对苏联军事战略发展产生了深远影响，它甚至被看成是“苏联军事科学的最大成就”。同第一次世界大战时候相反，该时期进攻理论的发展远远超过了防御理论的发展，进攻的力量要比防御的方法和手段变化得更快，苏军先于其他各国军队解决了第一次世界大战中阵地战的死胡同问题，苏军鼓吹战略进攻的浪潮达到了顶点。苏军认为，“只有采取进攻才能彻底消灭敌人”，“只有坚决打败敌人的军队，才能取得

① 20 世纪 30 年代至伟大卫国战争爆发前，苏军为自己的战略利益，先后“主动或被动”地发动了一系列的对外战争（武装冲突），其规模和所使用的兵力相当于集团军战役或方面军战役。1929 年，苏军在中东路事件中“御敌于国门之外的速决、进攻战略”取得了首次胜利，苏联以其远东特别集团军从 3 个方向进攻我国东北的边境城市，打败了张学良的国民党军队；1938 年和 1939 年苏军先后在哈桑湖地区和蒙古哈勒欣河地区，两次打败了入侵的日本军队；1939 年 9 月，苏联乘德国法西斯侵略波兰之际，派出大军向波兰进攻，将边界向西推进了几百千米。苏军在这几场战争（武装冲突）中所面对的敌方军队都不强大，苏军两次打败日本的行动都只是在边境地区的武装冲突，并没有打到日军占据的他国领土上去，苏军入侵波兰的速决战更是一场实力对比悬殊的战争，当时波兰已经是政府垮台、军无斗志、处于土崩瓦解之势，苏军同波兰军队作战自然不需要长期作战，其速决战获得胜利是必然之事。

从某种意义上讲，1939 年 11 月 30 日至 1940 年 3 月 12 日的苏芬战争对苏军“御敌于国门之外的速决、进攻阵略”是一次警示，战争中苏军先后出动兵力达 120 万人，为芬兰军队兵力的 3 倍，战争的最终目的并不是一次“闪击”达成的，双方的消耗巨大，苏军仅人员伤亡即达 20 余万，相当于芬兰军队伤亡数的 3 倍。此次战争表明，企图在战略上采取速决、战略进攻并不是一厢情愿的事情，有时候是完全行不通的。苏芬战争的经验与教训本可以帮助苏军对即将爆发的第二次世界大战的性质与特点产生客观的认识，但苏军却没有汲取战争教训，错过了历史机遇。

采取速决、进攻的战略还是持久、防御的战略，取决于诸多因素，除战争的政治目的外，敌我双方的军事力量对比起着决定性的作用。苏军在 20 世纪 30 年代初期所进行的几场对外战争（武装冲突）中面对的都是军事力量相对比较羸弱的小国，其“御敌于国门之外速决、进攻战略”是早在 20 世纪 20 年代末确立的，当时苏联西部边境线外是力量不强的波兰、罗马尼亚和波罗的海三国。等到第二次世界大战爆发前，苏联周边的战略态势已经发生了根本性的变化，苏军面对的作战对象是军事实力日趋强大、虎视眈眈的法西斯德国，希特勒为进攻苏联早就做好了战略筹划和准备，而苏军虽然预料到敌人可能的进攻，但仍依照“过时的”战争模式和理论准备在敌人发动进攻时很快实施反击，越过新的边界打到德军占领下的波兰境内，在较短时间内打败敌军。伟大卫国战争初期的失利充分证明，苏军战前的“速决、进攻”战略是完全失败的，暴露了其军事战略的保守落后、墨守成规。此外，苏军在制定速决战略方针时是带有相当大的主观成分，不是从客观实际出发，政治戴帽和形式主义的倾向十分严重。

对敌人的彻底胜利”。这些思想普遍反映在当时苏军颁发的各种条令、教令和训练演习中。

1939 年苏军颁布的《工农红军野战条令》（草案）明确规定：“苏维埃社会主义共和国联盟将以其武装力量的全部威力实施毁灭性突击来回击敌人的侵略和进犯……如果敌人把战争强加于我们，那么工农红军将成为一支比以往实施过进攻的一切军队更富有进攻精神的军队……我们将采取进攻的方法进行战争，并将它推移到别国的领土”。①

苏军强调战略进攻的同时，也承认防御是一种“合理的作战方法”，“防御战役具有高度的积极性和转入坚决进攻的思想”，曾提出运动防御（机动防御）的理论，② 但是，苏军并没有“以足够的注意力来制定战略规模的防御理论”，认为与进攻相比防御是临时性的作战样式，只起“从属作用”，而且只是在战略进攻范围内个别方向上实施，或者说主要是在战役战术范围内实施。在 1940 年 12 月召开的苏军高级指挥员和政工人员大会上，苏军秋列涅夫大将在自己的报告《现代防御战役的性质》中承认：“我们没有能与现代大纵深集团军进攻战役理论与实践相对应的成熟的现代防御理论。”③

1939 年苏军颁布的《工农红军野战条令》（草案）中特别强调

---

① 冯白平：“论苏联军事战略思想的演变”，载《军事历史》1989 年第 4 期，第 8 页。

② 运动防御（机动防御）是苏军 20 世纪 30 年代提出应对强敌的防御理论，它主要是指“在敌人具有绝对优势而我又不能在正面或宽大正面上组织防御时，以及在为了保存力量而可以放弃部分地区的条件下所采用的一种防御。运动防御的基础是军队的机动行动（包括迅速而突然的反突击）与顽强扼守个别地区相结合，地区的多少以及扼守地区的时间长短取决于拦阻敌人所需的时间和兵力兵器的数量，最好一道地区是退却的极限，军队应在这一地区转入顽强的防御或总反攻”。（转引自《苏军战役法发展概论第 3 章第 2 节》，1960 年版）这种防御理论实际上只是在战术范围内做了全面的研究，没有反映出在战役范围内实施退却时必须要考虑的各种条件，对在战略防御和战略退却时如何组织与实施战役问题丝毫没有涉及。因此，苏军的运动防御理论是与实际相脱节的，主要原因在于：没有阐明在各种不同条件（战略、战役、战术）下实施运动防御的问题；军队从来没有进行过在长距离退却的不利条件下实施机动防御的足够训练。

③ 转引自：B. A. 佐洛塔廖夫著，李效东等译：《俄罗斯军事战略史》，北京：军事科学出版社，2009 年版，第 238 页。原文参见：《俄罗斯文献：卫国战争》，第 12（1）卷，第 209—210 页。

指出，“在大多数情况下防御都是以有限的兵力进行的，因此在整个正面上不可能经常有很大的战役密度和战术密度”。[①] 由此可见，苏军当时完全没有战略层面的防御准备，而实际上则对战略防御理论完全忽视或持根本否定态度，“关于战略防御的内容，不仅在军事著作中没有任何反映，而且在谈话中谈起它也被认为是罪大恶极”。

前伏龙芝军事学院院长 Л. А. 库罗奇金大将在 1955 年第 5 期《军事思想》撰文总结伟大卫国战争的经验与教训时指出：“苏联军队一定要保持充分的戒备状态，必须能够对进攻之敌实施先发制人的突击，只有这样，才能免受突然袭击的威胁……战前苏联军事思想理论的最大错误就是没有研究出关于怎样避免遭受敌人突然袭击的问题。”[②]

苏军军事学副博士、副教授马拉姆津上校在《伟大卫国战争战略防御战役的经验》一文中指出，战前苏联军事理论也指出了防御这样一种军事行动方法的合理性，强调了其辅助作用，但“我们的理论没有估计到会在整个战略正面、在本国的国土上进行长时间的防御行动，当敌人尽管是暂时地夺取了空中和地面主动权的条件下，对向内地撤退的可能性，对有的问题研究是很不够的，诸如战略规模防御性的样式和方法、在整个武装斗争正面实施战略防御的武装力量的协同动作和指挥及其他许多问题”[③]。

2000 年 4 月 28 日，俄军《独立军事评论》（Независимое военное обозрение）上刊发了俄联邦国防部时任第一副部长、俄军总参谋长 А. В. 克瓦什宁（Анатолий Васильевич Квашнин）大将和军事科学院院长 М. А. 加列耶夫（Махмут Ахметович Гареев）大将为纪念伟大卫国战争胜利 55 周年而作的题为《苏联在卫国战争指导上的七个教训》文章，两位作者在文章中指出：“尽管在战争爆

---

① 转引自：В. А. 谢苗诺夫：《苏军战役法发展概论》，第 3 章，1960 年版。

② 王海、李植谷：《苏联军事战略概论》，北京：国防大学出版社，1989 年版，第 37 页。

③ 马拉姆津著，刘志忠译：“伟大卫国战争战略防御战役的经验”，载《军事历史》1970 年第 10 期。

发之前已基本认识到了战争的军事政治性质、规模、可能持续的时间和各种武器和兵种平衡配置的必要性，但对战争初期没有做出正确的估计，低估了战略防御。”①

战略防御理论的完全被忽视或被根本否认，直接后果就是对军事训练、战略后备力量建设、使用与重建问题的漠视。尽管当时苏德两国已经处于战争的边缘，随时有爆发战争的危险，但苏联并未制定防御政策，没有储备足以保证军队动员补充所必需的兵力和武器装备，苏军各级参谋部和军事学院在战役训练理论和实践中所演练的防御，根本就不是1941—1942年所进行的那种防御，而是那种在不长的时间内和次要方向上进行的战斗行动样式，目的是在短时间内击退敌人的进犯，尔后转入进攻。

（二）防御从战前的战略方针和战争准备中消失

20世纪30年代苏联对战略防御思想的否定直接导致了战争爆发前对战略防御组织与实施问题的忽视，没有制定出合理的战略方针和战略防御计划，当战争初期战略防御变为严酷的现实时，苏军战前的准备不足全部暴露出来。苏联元帅 Г. К. 朱可夫（Георгий Константинович Жуков）在《回忆与思考》（Воспоминания и размышления）一书中对卫国战争爆发前的情况进行自我批评时指出：“在1941年春重新制定战役计划时，对于战争初期新的作战方法，实际上没有充分加以考虑。国防人民委员会和总参谋部认为，像德国和苏联这样大国之间的战争应该按照以前的模式开始：在发生边境交战几天之后，双方主要兵力才投入交战。认为法西斯德国在集中和展开兵力的时间上与我们一样，但实际上无论是展开的兵力还是展开的条件都远不相同。”“对于敌人一下子就把它预先在各重要战略方向上的全部兵力投入这样大规模的突然进攻，也就是对

---

① А. В. 克瓦什宁、М. А. 加列耶夫著，于淑杰译，李效东校：“苏联在卫国战争指导上的七个教训”，载《外国军事学术》2000年第8期。

于此次进攻的性质，我们是完全没有预料到的”①。

1. 战前的战略方针

战争爆发前，苏军已经预见到了战争“不可避免”，苏军当时制定的方针是：一旦遭到德国侵犯，将以武装力量实施强大的反击，击退敌人侵略，并迅速将战争推进到敌国的领土上去。根据此战略企图，苏军总参谋部还制定了保卫国境线的专门计划。苏军对战争进程的判断是，德军深入到苏联境内腹地的可能性非常小，其入侵将很快被击退，不管在任何情况下，战争都将迅速转移到敌国的领土上去。

战前苏军战略方针确立的基本点是实施强大的回击和迅猛的战略进攻，粉碎侵略者的入侵，并迅速将军事行动推进到敌国的领土上去。但实际上，苏联制定的这种战略方针是脱离实际和不现实的，苏军依旧照搬第一次世界大战和国内革命战争时期的经验，没有预见到在未来战争中军事行动开始和展开的全部可能条件。此外，从表面上看来，苏军的战略方针是从防御地位中进行反击，但实质却是立足于从战争一开始就立即打出去的积极进攻的方针，具有浓厚的进攻色彩。

2. 战前的兵力部署

苏联战前作战观点的重要缺陷是“对战争初期的内容缺乏明确的理解”②，当时认为，在最初15—20天里，军事行动将在有限的范围内进行，同时进行动员、集中并展开主力，苏联的军事理论“没有充分估到预先动员起来的侵略军队突然发起进攻，并在战争初期大量集中使用坦克和飞机这些技术兵器同时向大纵深实施突击，会急剧地改变遭到进攻的国家的军队战略集中和展开的条件，从而会

① 中国人民解放军军事科学院译：《回忆与思考》，北京：中国对外翻译出版公司，1984年版，第206页。原文参见 Г. К. Жуков：《Воспоминания и размышления》，Том 1，М，1974，стр. 239—240.

② Б. В. 帕诺夫主编，李静、袁亚楠译：《战争艺术史》，北京：军事科学出版社，1990年版，第99页。

急剧地改变该国军队在战争初期行动的一切特点”。[1] 不考虑实际情况，低估敌人的力量和高估自己的力量是苏军领导层所犯的最大错误，虽然明知敌人可能先于己方实施战略集中和展开，但苏军却没有表现出应有的灵活性，没有制定精确的战略防御计划，没有进行战略防御的思想准备，没有预定建立武装力量的战略防御集团，没有在后方建立战略防线。

苏军兵力部署是从战争一开始就立即转入战略进攻的态势，苏军计划将西部边境各军区以 2/3 的兵力编入第一梯队，其余的师编为预备队。西部特别军区有半数以上的兵力配置在比亚韦斯托克突出部上，深深楔入预想敌人的领土。苏军的部署明显是为了转入进攻，而如果遭敌突然袭击，立即陷入被半合围的险地。战争的进程证明，战争一开始，德军坦克团正是向该突出部后方实施迂回，并迅速切断了苏军配置在该地的第 3、第 10 集团军的退路，将苏军 11 个师包围起来。

战争前夕，苏军在西部各军区新建了 100 多个机场，大部分机场紧靠边界，并且都是按照进攻的要求配置的，在德军突然袭击的情况下，苏空军受到严重损失。

物质保障体系同样根据进攻的要求配置，根本不适合当时形成的条件，大都配置在紧靠边界的地方，战争爆发不久，大部分仓库旋即遭到德军严重破坏，部分落入德军手中。

战争爆发后，苏联处于防御地位、德军处于进攻地位，双方军事力量对比德国占尽优势，但就是在此情况下，苏军最高军事领导机关因不了解战场局势的真实情况，仍力图实现早在战前制定的军

---

① В.Д. 索科洛夫斯基著，中国人民解放军军事科学院译：《战略》，北京：中国人民解放军军事科学院，1963 年版，第 149 页。

队行动企图，即从边境反击开始的战略进攻方针。[①] 经过战争最初几天边境交战和反击的失利后，苏军统帅部意识到，战前制定的战略方针和作战计划是不符合实际情况的，西部方向几个方面军既无力打出国门去，也抵挡不住德军的继续进攻，苏军被迫转变战略方针，转入战略防御。

本章小结

国内战争和外国武装干涉时期，红军的战略防御是作为一种迫不得已的行动类型而被采用的，这是由当时的军事政治形势和战略目的所决定。战略防御的主要目的是赢得时间、节省兵力和扼守国家的重要地域。为此，红军组织与实施了一系列的战略防御，军队高度的积极性和广泛实施的机动使得防御战役具有多变性，扼守大城市、重要地域和目标的防御战役，则具有阵地防御的性质。

苏维埃政权建立之后，年轻的军事理论界积极探讨未来战争中军事行动的可能样式，展开关于“消耗战略”与“歼灭战略”的学术争辩，分析了各种行动样式的可能性。

该时期苏联战略防御思想的代表人物是著名军事统帅、军事理论家M. B. 伏龙芝和军事历史学家A. A. 斯韦钦。他们都是在深入地研究了军事历史的经验基础上，对未来战争中的行动样式进行了科学的分析与预测，肯定了战略防御的地位和作用，认真研究组织与实施战略防御的方法。但令人遗憾的是，他们的理论并没有在军事界受到应有关注，取而代之的是宣扬积极进攻的作战理论，战略防御思想的发展开始陷入前所未有的低潮。

苏军原副总参谋长兼军事科学部部长、俄罗斯军事科学院现任

① 根据战前军事行动的企图，苏军准备在法西斯德国进攻苏联时，在苏伐乌基和卢布林这两个方向上对敌人实施猛烈的回击，尔后夺回战略主动权。战争爆发后，苏联国防人民委员曾于1941年6月22日上午发出第2号训令，命令边境军区的地面部队和航空兵实施突击，消灭侵入苏联边境的敌军，等到了晚上，军队受领了更坚决的任务：围歼苏伐乌基和索卡尔的敌军集团，并于24日终时占领苏伐乌基和卢布林地域。

院长 M. A. 加列耶夫曾说过一段相当有哲理的话："即使在军事发展的现阶段……军事上的继承性和那些最稳定的规律性在一定程度上依然存在。在制定新原则时对它们考虑得越深刻，理论越具有远见，针对未来所做的结论和原则就越有根据。"[①] 如果说苏军在建立之初还能够比较客观地分析和继承以往的作战原则的话，那么随着其军事力量的不断壮大，苏军军事理论界已经开始出现追求极端化的错误倾向了。

① M. A. 加列耶夫著，周鄂川等译：《伏龙芝的军事思想与苏联现代军事理论》，北京：国防大学出版社，1986 年版，第 2 页。

第五章　伟大卫国战争中战略防御的实践要求与理论发展

伟大卫国战争给苏军提供了组织和实施战略防御的丰富经验，1941年、1942年和1943年，苏军统帅部三次在所有战略方向上采取了战略防御，每次防御战局都有自身特点，前两次是苏军被迫转入战略防御，但转入防御的具体条件又不尽相同，而第三次则是预有准备转入战略防御，其中1941年夏秋的防御战局持续时间最长和规模最大。通过战争的实践，苏军解决了战略防御中一系列的重要问题：如何判断敌人的主要突击方向；如何组织战略防御并恢复被敌人突破的战略防线；如何使用战略预备队；如何创造转入反攻的条件。

伟大卫国战争中，战略性防御战役是达成战略防御目的的主要手段，每次战略性防御战役通常都包括一个战略方向（战区的一部分），一般都是由1至2个方面军（个别情况下3个）、部分战略预备队和掩护该方向的国土防空军，甚至有时包括统帅部预备队远程轰炸航空兵和部分海军（在濒海方向）参加。但有个别战略性防御战役是由1个方面军组织与实施的，例如战争初期的战略性防御战役、基辅战役（1943年11月至12月）和巴拉顿湖战役（1945年3月）。①

战争期间，苏军总共组织与实施了52次战略性战役，仅前两次

① 基辅战役（1943年11月至12月）和巴拉顿湖战役（1945年3月）都是在开展战略进攻的过程中组织与实施的，主要起辅助作用，持续时间都比较短，军队未作较大距离的后退，没有失去更多已占领的领土，其中巴拉顿湖防御是伟大卫国战争期间苏军准备与实施的最后一次大规模战略性防御战役。

战局期间，苏军便实施了13次沿正面同时展开并向纵深连续发展的战略性防御战役，例如1941年6月至7月，苏军在苏德战场的波罗的海沿岸、白俄罗斯、西乌克兰和摩尔多瓦同时实施了战略性防御战役。战争期间，苏军组织与实施的比较大规模的战略性防御战役有：斯摩棱斯克战役、列宁格勒战役、莫斯科战役、斯大林格勒战役、高加索战役、巴拉顿湖战役和库尔斯克战役等。

战略防御的军事艺术在战争实践中获得了极大的发展，苏军战略防御思想则在同外部强大敌人的高强度、激烈对抗中不断发展和升华，最终将战略防御的艺术提高到了一个新的发展水平。

一、转入战略防御的条件：从被迫转入到预有准备

伟大卫国战争中，苏军掌握了从被迫转入和预有准备转入战略防御的艺术，对战略防御思想的发展提供了宝贵的经验。苏军是在三种不同的情况下转入转防御的，前两次是苏军已经丧失了战略主动权并且敌军具有兵力兵器优势，苏军被迫转入战略防御，“对苏军来说，临时转入战略防御是唯一可能的行动样式”，但前两次的具体情况又不尽相同。第三次则是另一种完全不同的战略防御，苏军已经掌握了战略主动权，并且完全有可能先于敌军发起战略进攻，但出于战略目的的考虑（用最可靠和最经济的方法破坏敌人进攻计划），苏军预有准备地先于敌军转入战略防御。

1941年夏季战局：1941年6月22日，德军对苏联发动突然进攻，苏军在同敌优势兵力进行的边界交战中，有生力量和武器装备遭受重大损失，被迫退却。战斗是在敌空军占优势、苏军动员和扩充计划遭到破坏的情况下进行的，预备队从行进间一部分一部分地在未设防地区投入交战，现有的兵力不能实施有力的反击和恢复边界的态势，双方兵力对比发生了有利于敌军的急剧变化，苏军的战略预备队消耗了9个集团军中的5个，苏军被迫在整个苏德战场转入战略防御，一直持续到11月底至12月初。

（一）1942 年夏季战局

1942 年 4 月，苏军总参谋部向最高统帅部大本营提出了关于临时转入战略防御的建议，以便抗击敌人在莫斯科方向和西南方向可能发起的进攻，赢得时间使预备队做好准备和为尔后转入进攻创造必要的条件。最高统帅部对此表示赞同，并要求在列宁格勒附近、斯摩棱斯克方向、利戈夫—库尔斯克方向、杰缅斯克地区、哈尔科夫地区和克里米亚地区实施进攻战役，以破坏敌人正在准备的进攻，改变战略态势。但是苏军在克里米亚和哈利科夫发起的进攻战役遭到失败，两次战役共损失 7 个诸兵种合成集团军。同时，敌人却向苏德战场增调 24 个师，在苏德战线南段占有兵力兵器优势，遂于 1942 年 6 月底发起进攻，在沃罗涅日—斯大林格勒方向和北高加索方向进攻得手，结果战略主动权再次落入德军手中，苏军被迫在整个西南战略方向转入战略防御。

（二）1943 年夏季战局

苏军最高统帅部大本营提早识破了敌人的进攻企图，掌握了战略主动权和强大的预备队（9 个诸兵种合成集团军，2 个坦克集团军和众多独立兵团——63 个步兵师、10 个机械化军、13 个坦克军和 5 个骑兵军），并在兵力兵器上占有优势，完全有可能先于敌人转入进攻，但是苏军统帅部决定暂时转入战略防御，迫使敌人首先发动进攻，以便在防御交战中消耗和疲惫敌军突击集团，尔后动用新锐的战略预备队，转入坚决地反攻。

伟大卫国战争第一阶段，大多数战略性防御战役都是被迫转入的，通常情况是敌军已经掌握了主动权，并在兵力兵器上占有优势，这种防御战役一般是没有准备阶段的，直接从抗击由航空兵突击支援下的敌陆军集团进攻开始，定下战役决心和企图、建立防御部署、组织协同动作都是在十分困难的情况下进行的。但战争的第二、第三阶段，苏军已经逐步掌握战略的主动权，开始实施一系列经过预先准备的战略性防御战役，其企图通常是在敌军积极行动开始之前拟定的，该时期比较有代表性的战略性防御战役当属 1943 年的库尔斯克战役和1945年3月的巴拉顿湖战役。

二、战略防御的目的：坚决性不断提高

战略防御的目的通常是由最高统帅部大本营根据战局的军事政治任务和战略任务来确定的，其最重要的目的就是破坏敌人的进攻，削弱其突击集团和控制重要战略目标及地区。伟大卫国战争的不同阶段，战略防御的目的是不同的，但呈现出越来越坚决的趋势。1941年夏秋季，由于敌军实施突然袭击，掌握了战略主动权，苏军被迫在整个战场实施战略防御，其主要目的是：不让敌人突破到大型工业和行政政治中心、具有战略意义的目标和地区，为重创侵入到国土纵深的敌突击集团创造有利条件。1942年和1943年夏秋季实施战略防御的目的已经变得十分坚决了。1942年夏秋防御战局的目的是不让敌人占领斯大林格勒和高加索，为苏军大规模突击集团的集中和展开，进而转入坚决反攻赢得时间；1943年的库尔斯克防御已经是预有计划了，主要目的是疲惫和消耗敌人的突击集团，尔后转入坚决的反攻，彻底粉碎敌突击集团。

三、战略防御的特点：积极性与稳定性

伟大卫国战争期间，苏军组织与实施的战略防御主要有两个突出的特点：防御的积极性和防御的稳定性。

（一）防御的积极性

苏军防御积极性首先表现在：苏军在通向防御的远接近地和近接近地上对进攻的敌军集团实施局部的进攻战役、强大的反突击、炮火突击和航空兵突击，不断地对敌进行火力杀伤和努力迫敌就范。

防御的积极性其次表现在：苏军实施空中战役（主要是航空兵突击），以便消灭或削弱敌机场上的航空力量，摧毁纵深内的重要目标；在空战中消灭敌机；调派防空兵力兵器，不仅同敌机作斗争，而且同进攻的敌陆军集团作斗争。为扩大最重要方向上的防御纵深

或建立反突击集团，苏军广泛进行战役和战略规模的变更部署，保障了高度的积极性。

积极性还体现在：苏军在各防御地区和各大城市的顽强防御，是同实施强大的反突击和在数个方向上以1—2个方面军实施进攻战役配合进行。例如，苏军在1941年夏季和秋季以及1942年的战略防御中，曾组织实施了30次方面军进攻战役。

1941年苏军在莫斯科、列宁格勒和基辅这些重要战略方向上防御地区的顽强防御，是同斯摩棱斯克交战、卢加防御战役和基辅防御战役过程中实施的强大反突击，以及同提赫文和罗斯托夫等地实施的反攻相配合。

1942年苏军在各防御地区的防御是同在沃罗涅日和斯大林格勒地域、北高加索实施的猛烈反突击，列宁格勒方面军和沃尔霍夫方面军在列宁格勒实施的进攻战役，西北方面军队敌军的捷米扬斯科集团实施的进攻战役，加里宁方面军和西方面军在斯摩棱斯克方向实施的进攻战役相配合。

苏军防御积极性的效果直接反应到战场态势上，德军在战争头18天中，进攻速度为每昼夜20—30千米，到了9—10月，德军推进的速度全面开始下降，西北方向由20千米降低到5千米，西方向由30千米降低到2.5千米，西南方向由20千米降低到6千米，仅在战争头6个月，德国陆军在苏德战场便损失了80多万人。

（二）防御的稳定性

战争初期，由于兵力严重不足，防御军队通常只有纵深不大的单梯次配置布势，只有某些个别军队集团是按两个梯队展开的，许多防御战役都是在没有战略预备队甚至没有战役预备队的情况下实施的，战役预备队常常是在抗击敌人进攻的过程中组建的。因此，伟大卫国战争初期，苏军的防御是极其不稳定的。

伟大卫国战争期间，苏军防御稳定性的提高是在战争过程中逐步解决的，提高防御稳定性的方法主要有：预先进行战场准备与设置、集中兵力兵器于主要方向、缩小防御正面宽度和增大防御布势纵深。

伟大卫国战争经验表明，如果对准备与实施防御的战场预做准备，则会大大提高防御的稳定性。例如：1941 年在西南方向，苏军预先建立了筑垒地域并派部队预先占领此地域，不仅给突入之敌造成重大损失，还挫败了敌军的进攻计划；1941 年，苏军在卢加—维基亚布斯科—莫吉廖夫一线、莫扎伊斯科等防御地区的预先准备与设置也曾发挥了重要的作用。

苏军组织与实施战略性防御战役时，特别强调集中主要兵力兵器于最主要方向，在一般地带内，军队总密度不大的情况下，在最主要方向上靠大胆集中兵力兵器使军队密度增大数倍之多。以苏军 1941 年 10 月莫斯科远郊的防御战役为例，西方面军和布良斯克方面军在宽度差不多相同的两个地带内分别组织防御，但因前者是在此次战役中在最主要方向上作战，因而比后者坦克多出 6 倍，飞机多一倍。

伟大卫国战争中，苏军战略防御的正面宽度呈逐渐缩小之势，而防御集团布势的纵深却呈逐渐增大之势。1941 年夏季，敌人以突然袭击的方式发动了大规模的进攻战役，苏军因战争初期的失利丧失了战略主动权而被迫采取战略防御，战略防御占到整个战线的 75%，防御正面共达 4000 千米，而当时整个防御集团，包括第二梯队和预备队，纵深不超过 40—80 千米，这样的防御是不可能十分有效的，往往容易被敌人攻克；1942 年夏季苏军已是在 750—2100 千米正面实施防御战役，而防御集团布势的纵深扩大到了 100—220 千米；1943 年夏季，苏军统帅部在已经掌握战略主动权和强大的预备队，完全有可能先敌投入进攻的情况下，预有计划地组织实施了战略防御，防御正面只有 600 千米，防御集团布势的纵深已经达到 300 千米。

四、战略防御组织与实施的主要经验

如何成功地准备与实施战略防御，是伟大卫国战争中苏军面临的一个十分尖锐而困难的问题。这不仅仅是因为战前苏联的军事理论未对此进行过研究，更复杂之处在于德军达成了战争突然性，夺取了战略主动权和制空权，并在兵力兵器上占有优势，这就要求苏军必须在敌人破坏了有计划的动员和战略展开情况下实施，必须在战争过程中去寻求阻止优势之敌突击的样式和方法。苏军在组织与实施战略防御的实践中，积累了成功的经验，它们构成了战略防御思想发展的基础。

（一）正确判断敌军的主要突击方向

正确判断主要敌军的主要突击方向，是准备与实施战略防御的首要问题。以往的战争历史经验都表明，对进攻一方的企图察明得越早，对实施防御一方组织起最有效的防御就越有利，可以利用的时间就越多。在判断德军的主要突击方向和作战企图上，苏军在伟大卫国战争中既有过正确判断，也有过失算的预测。

1941 年和 1942 年组织与实施的战略防御中，苏军都没有能够正确判断出敌军的主要突击方向，都是在战争的过程中才查明敌军的主要战略企图。1941 年战略防御中，苏军曾以为德军将在乌克兰方向实施主要突击，因而在该地组建了苏军最强大的集团。苏军统帅部在军事行动开始之后才确定敌人主要突击的真正方向，被迫将大量兵力紧急从西南调往西部，“在瞬息万变的形势下，由于交通线遭到敌航空兵的不断袭击，军队调动花去了大量时间，同时由于预备队分批进入交战，敌人在苏军建立起相应的防御部署之前已经取得了决定性的战果”。①

1942 年夏季战略防御，同 1941 年夏季战局一样，苏军是在战争过程中才察明敌军企图的。苏军总参谋部早在 1942 年 4 月即向最高统帅部大本营提出了关于临时转入战略防御的建议，以便抗击敌人在莫斯科方向和西南方向可能发起的进攻，赢得时间使预备队做好

① B. A. 佐洛塔廖夫著，李效东等译：《俄罗斯军事战略史》，北京：军事科学出版社，2009 年版，第 310 页。

准备和为尔后转入进攻创造必要的条件。最高统帅部大本营对此项建议表示赞同，并要求在列宁格勒附近、斯摩棱斯克方向、利戈夫—库尔斯克方向、杰缅斯克地区、哈利科夫地区和克里米亚地区实施进攻战役，以破坏敌正在准备的进攻和改变战略态势。但随后苏军在哈利科夫和刻赤半岛发起的进攻战役遭到失败，敌人由于在苏德战线南段占有兵力兵器优势，遂于1942年6月底发起进攻，直到此时苏联最高统帅部才意识到：尽管敌军将强大的集团保留在西方向上，但其主力却集中在战线的南翼，即顿巴斯和沃罗涅日方向。最高统帅部大本营遂将战略预备队紧急南调，仅1942年7月23日至10月1日，苏军先后调出55个步兵师、9个步兵旅、7个坦克军和13个坦克旅至斯大林格勒地区。由于横向道路不多和敌军掌握制空权，苏军的变更部署不能以应有的速度完成，预备队被迫在敌空中突击的威胁下一步一步地投入战斗，最终导致在1942年夏季战局中丢失了大片领土。

1943年夏季战略防御，同前两次战略防御不同，最高统帅部大本营在库尔斯克战役开始前两个到两个半月便十分准确地识破了德军统帅部在库尔斯克方向实施主要战役的总企图，苏军能够全面地做好抗击敌人的准备。在占苏德战线全长13%的库尔斯克地段，苏军统帅部毫无风险地集结了1943年夏季作战军队编成中近28%的兵力、20%的火炮和迫击炮、40%的坦克和自行火炮、33%以上的作战飞机，这对挫败德军的战略进攻计划起了决定性的作用。为此苏军前总参谋长 B. Д. 索科洛夫斯基元帅曾高度评价：“苏军统帅部在准备1943年夏季诸战役时表现了真正的战略预见的才能。”①

（二）建立完善的防御地带，构筑防御工事

苏军在组织与实施战略防御时，特别强调建立完善的防御地带和构筑防御工事的重要意义。最高统帅部大本营要求各方面军、集

① B. Д. 索科洛夫斯基著，中国人民解放军军事科学院译：《战略》，北京：中国人民解放军军事科学院，1963年版，第154页。

团军多多重视己方地带内的工事构筑和障碍设置，在相当短的时间内，最高统帅部大本营下令在后方防御地区建立了许多防御地带。1941 年 6 月 24 日，决定建立担负对列宁格勒南侧接近地掩护任务的卢加防御地带；6 月 25 日，决定在北部方向建立涅维尔、维捷布斯克、莫吉廖夫、第聂伯河一线防御地区；6 月 29 日建立维亚济马防御地区；7 月 16 日建立莫扎伊斯克防线；10 月 12 日建立莫斯科城郊和市内防区。

战局的发展证明，预先构筑的防御地带（地区）并未能发挥出应有的作用，原因主要有两点：一是敌军推进速度比较快，通常先于苏军占领了这些地区；二是从战场上撤退下来的苏军损失惨重，通常都不能在后方地区建立牢固的防御，而苏军又没有足够的战略预备队预先占领这些地区，例如 1941 夏季战局中，大本营预备队调给作战军队的 291 个步兵师和 66 个步兵旅，但只有 66 个师和 4 个旅用于预先占领各防御地区。

1941 年夏季战略防御中，苏军构筑的工程障碍在减缓敌军进攻速度方面发挥了重要作用。1941 年 6 月底和 7 月，按照大本营的命令，苏军在西方向组建了 3 个障碍设置队（包括 2—3 个配有地雷、炸药的摩托化工兵营），它们在主要的坦克威胁方向上设置地雷爆炸性障碍物，炸毁桥梁和其他重要目标，从而阻止了敌之推进；1941 年 11 月 19 日，按照大本营的命令，苏军组建了由 6 个工兵营编成的战役工程群，其任务是在西方面军右翼设置障碍，它们在 11 月铺设了 52600 枚地雷（257 个地雷场），炸毁了敌军推进道路上的 212 座桥梁，炸毁了敌军 87 辆坦克和装甲运输车以及大量的汽车。

1943 年夏季库尔斯克防御中，防御工事的构筑堪称完美，苏军预先在战术、战役和战略纵深内构筑防御地区（地带），并由军队及时加以占领。苏军 3 个方面军在敌军计划实施主要突击的库尔斯克地区预先进入了防御，在准备抗击敌进攻的过程中，在 250—300 千米纵深内，构筑了 5—6 个防御地区（地带），其中 2 个地带在战术防御地幅内，1 个为集团军防御地带和 3 个位于方面军防御地带，军队在防御全纵深作梯次配置和疏开配置。战争期间，战术防御地带的纵深首次达到了15—20千米，主要防御地带的工事构筑最为完备，在5—7千米的纵深内，就有2—3道阵地，每道阵地各有2—3条堑壕，堑壕之间均有交通壕相连。斜切阵地的构筑，对于在敌军突入防御阵地时阻止其兵力向己方部队集团两翼前出，具有重要意义。防御阵地、发射阵地、掩蔽所和掩蔽部均有密度达每千米正面2000枚地雷的工程障碍物作掩护。苏军在敌军可能采取行动的方向上，预先占领了纵深为50—70千米的头三个防御地带（地区），其战役布势的特点就是将大量兵力兵器集中于主要方向，在中央方面军300千米防御地带中的95千米地带上，集中了58%的步兵师，使得库尔斯克附近的战略防御配系坚不可摧。[①]

（三）建立和有效使用战略预备队

战略预备队在苏军组织与实施战略防御中发挥了巨大的作用，客观上讲，苏联最高统帅部在使用战略预备队方面表现出了高超的统帅艺术。战争开始后的头8天内，苏军即征召入伍了530万人，这是与平时苏军的兵役制度和动员准备紧密相连的，组建的强大预备队在随后的战争进程中发挥了极大的作用。

伟大卫国战争的战略性防御战役中，在德军发动进攻之前，苏军防御集团通常都是1个梯队布势，以数个师、1—2个集团军组成不大的预备队，甚至许多防御战役都是在没有预备队更谈不上有第二梯队的情况下开始的，预备队都是在抗击敌进攻集团的过程中建立的。例如，乌克兰第1方面军在基辅方向上的防御战役开始于1943年11月13日，当时仅有1个梯队，没有预备队，到了11月末和12月，才以近卫第1集团军、第18集团军和坦克第1集团军以及最高统帅部大本营命令调来的坦克第4军和第25军组成了第二梯队和预备队。

---

① 转引自中国人民军事科学院外国军事研究部：《外军资料》，原文参见：M. 科兹洛夫："伟大卫国战争中组织与实施战略防御的经验"，载《军事历史杂志》1980年第12期。

最高统帅部通常是把战略预备队用在敌军主要集团进攻的最主要方向上。1941 年夏秋战局中，敌军曾 4 次突破苏军战略防线，每次突破纵深为 300—500 千米，苏军实力被大大削弱并继续退却，敌人依旧不断进攻，在此情况下苏联最高统帅部大本营及时将拥有的战略预备队调至敌军突击的主要方向——西方向（莫斯科方向），仅 1941 年 6 月 22 日至 7 月 10 日，大本营从预备队中调出 5 个诸兵种合同集团军给西方面军，后又增调 13 个诸兵种合成集团军。据统计，从 1941 年 6 月 22 日至 12 月 1 日，最高统帅部大本营总共向西方向调去 150 个步兵师和 44 个步兵旅，占大本营战略预备队此间进入交战师总数的 52%、旅总数的 47%。

1942 年夏季战局中，苏军察觉德军在战场南翼的主要突击后，7 月至 8 月间，最高统帅部大本营先后向顿河和北高加索方向两个方向作战的方面军调去了 6 个诸兵种合成集团军、2 个坦克集团军和众多独立兵团，共计 26 个步兵师、25 个步兵旅、5 个坦克军和 1 个骑兵军。

战略预备队的作用不仅仅局限在敌军主要集团进攻的最危险防线上，其用途十分广泛，苏军上校马拉姆津在《伟大卫国战争战略性防御战役的经验》① 一文列举了伟大卫国战争中战略预备队的其他几项使用方法和目的：第一，用于加强各方面军和建立突击集群以实施反突击，例如斯大林格勒防御战役中，斯大林格勒方面军加强第 24 集团军和第 66 集团军实施了一系列的反突击，并在城市防御中给予第 62 集团军重要支援；第二，用于扩大重要战略方向上之防御集团的纵深。1941 年西方向上的战略性防御战役中，除与敌直接接触的各方面军部队外，最高统帅部大本营还在纵深和后方地区展开战略预备队；库尔斯克防御中，苏军在克申河和顿河地区、在中央方面军和沃罗涅日方面军后方展开了由 5 个合成集团军、1 个坦克集团军、1 个空军集团军和数个独立坦克、机械

① 转引自中国人民军事科学院外国军事研究部《外军资料》，原文参见：马拉姆津，“伟大卫国战争战略性防御战役的经验”，载《军事历史杂志》1970 年第 10 期。

化和骑兵军组成的草原方面军，其目的都是为了扩大防御集团的纵深。第三，用于增大最重要方向上防御集团第一梯队的兵力兵器密度；建立方面军第二梯队和预备队；遂行防御战役中突然出现的其他任务。

（四）广泛机动兵力兵器，进行变更部署

广泛机动兵力兵器，及时进行变更部署是苏军成功组织与实施的战略防御的重要措施。为阻滞德军在狭窄地段上的快速突破，苏军首先要靠向受威胁方向快速机动兵力兵器，以改变力量对比，构成防御的纵深。苏军组织与实施战略性防御战役中，主要是由方面军的兵力兵器、大本营预备队以及退却的部队实施机动和变更部署，最终增强了军队的防御力量。苏军条令《战略预备队的使用》曾列举了战略预备队的机动与变更部署的许多例子，在伟大卫国战争中的战略防御实践中类似的机动与变更部署中有很多。

1941 年右岸乌克兰的防御战役中，为加强掩护最重要的基辅方向西南方面军，根据最高统帅部大本营的命令，有 2 个机械化军、2 个步兵军和 3 个独立师成行军队形从南方面军调归西南方面军建制，最高统帅部大本营尔后又用自己的预备队给西南方面军加强 12 个师，大大提高了防御的稳定性，制止了德军“南方”集团军群从行进间攻占基辅的行动。

1941 年 10 月，苏军在维亚济马以西遭受失利，莫斯科和加里宁受到实际威胁，最高统帅部大本营采取紧急措施，在莫扎伊斯科地区实施防御。1941 年 10 月 7—14 日，向该地区调来大本营预备队的 4 个步兵师、16 个新编坦克旅、40 多个炮团和从其他战略方向调来的 7 个师，后又从西北方面军向加里宁地域调来 2 个步兵师、1 个坦克旅和 1 个摩托团。所有这些变更部署和机动使得最重要方向上的兵力兵器对比发生了变化，阻止了德军的进攻。

（五）组织不同战略方向各军兵种之间的密切协同

伟大卫国战争中，苏军的战略协同是在高度机动的条件下，以

较短时间组织的，战略协同主要包括参加防御战役的几个方面军之间、陆军与航空兵、防空兵力兵器以及海军在濒海方向上的协同等。协同动作由最高统帅部大本营按任务、方向和行动方案进行组织实施，由它确定每个方面军的任务、反突击方向、方面军第二梯队配置地点及其行动的基本方向、各军种战役军团或兵团保障抗击敌军的任务，并不断制定行动方法。

1. 方面军（战略方向）之间的协同

通过实施反突击和对在相邻方面军（战略方向）地带内进攻之敌集团实施局部进攻战役来实现。主要例子，有 1941 年 11 月苏军在通向莫斯科的接近地上对德国侵略者进行防御期间，于季赫文和罗斯托夫附近实施了积极的进攻行动，使德军“北方”集团军群和“南方”集团军群的主力受到牵制，敌军统帅部无法从这两个集团军群中抽调兵力兵器来增援进犯莫斯科的突击集团；斯大林格勒防御期间，遵照最高统帅部大本营的命令，加里宁方面军和西方面军于 1942 年 7 月 30 日发起了尔热夫—赛切夫卡进攻战役，在战役过程中，德军统帅部为援助“中央”集团军群，被迫从苏德战线的其他地段抽调了 20 个师，削弱了直接进攻斯大林格勒的敌军集团，对防御战役的进程产生了良好的影响。

2. 陆军与航空兵的协同

各方面军航空兵通常对敌之进攻集团实施突击，而配属的航空兵则突击纵深内的目标（预备队、后方设施、交通线等）。例如，1942 年 6 月，按照最高统帅部大本营的命令，对敌人的机场进行了突击；在 1943 年 5—6 月，曾实施过两次空中战役，共击毁敌机 745 架以上。

3. 陆军与防空兵的协同

通常是掩护重大军事政治中心或重要战略目标时实施，同时可使用高射炮兵抗击敌陆军的进攻。伟大卫国战争中，莫斯科的高射炮兵和防空歼击航空兵，在近接进地防御战役过程中，曾给法西斯德国军队造成重大损失。

4. 陆军与海军的协同

掩护各方面军的濒海侧翼（使敌海军陆战队不能在苏军后方登陆），以及保障海上交通线和海上军事运输的安全。

五、战略防御组织与实施的主要教训

伟大卫国战争实践中，苏军最初组织与实施的战略性防御战役是以失败而结束的，它们主要是集中在战争初期，例如明斯克战略性防御战役、斯摩棱斯克战略性防御战役、基辅战略性防御战役等。上述战略性防御战役都远远没有达成预定的目的，其客观原因在于敌人在兵力兵器上（特别是主要突击方向）占有优势[①]和敌人达成了战争的突然性，但苏军在主观因素上同样值得认真总结教训，这些教训对战后战略防御思想的总结与发展起到重要的作用，主要教训有以下几个方面：

1. 苏军对德军以大量坦克实施的高速进攻，缺乏思想准备和有效对付措施，对敌军坦克集群的突击能力和机动能力估计不足，没有抗击德军集群坦克进攻的有效手段，致使德军坦克集群长驱直入，迅速突入苏军防御集团的后方，苏军遭到了敌军的合围。

2. 苏军在判断敌人主要突击方向上出现了错误。1941 年和 1942 年的战略防御行动中，苏军都是在战争的进程中才察明敌人的战略企图，为此付出的代价是极为沉重的。

3. 苏军各方面军受到合围的威胁时仍毫无理由地停留在所占领的地区内，苏军统帅部犹豫不决，未能及时定下决心，把军队从合围的威胁中撤出，1941 年 6 月苏军西方面军在别洛斯托克突出部和 1941 年 9 月西南方面军在第聂伯河东岸乌克兰地区的防御战役中都

① “1941 年，几乎所有的战略性防御战役都是在苏军兵力严重不足、敌人占据很大优势的情况下进行的；1942 年，总的兵力虽有所改善，但敌人在主要方向上仍然有能力达成一定的兵力兵器优势，敌我兵力兵器的对比常常是：人员 1.5—1.7：1，火炮 1.5—2.5：1，坦克 1.5—2.8：1。”（B. A. 佐洛塔廖夫著，李效东等译，《俄罗斯军事战略史》，北京：军事科学出版社，2009 年版，第 310 页。）

出现过此类情况。具有讽刺意味的是，1941 年 9 月西南方面军在基辅以东地区面临被合围的威胁时，朱可夫曾于 7 月 29 日和 9 月 8 日两次建议将西南方面军撤到第聂伯河东岸，但他的建议不仅未被接受，他本人也被解除了总参谋长职务。9 月 13 日，西南方面军参谋长报告一两天内将被合围，但统帅部认为他是惊慌失措，直到 9 月 17 日才下令撤退，但已不可收拾，导致西南方面军于 9 月 20 日全军覆没。

4. 战役战略协同组织与实施得不好，没有重视接合部和侧翼的保障，兵力和火力都较弱，而德军往往从接合部发起进攻。中央方面军、布良斯克方面军和西南方面军于 1941 年 8 月实施的防御战役、布良斯克方面军和西南方面军于 1942 年 7 月在沃罗涅日方向上实施的防御战役都犯过相同的错误。而在这方面做得比较好的是 1943 年的库尔斯克战役，德军损失惨重，未能突破苏军的防御，而苏军则在敌军开始进攻后的第 7—10 天就转入了进攻，并最终击败了敌军。

本章小结

第二次世界大战爆发前，世界上主要军事大国对待战略防御的观点分为两类：一种是以法国为代表，其军事理论盲目地追求第一次世界大战的经验，认为防御比进攻更有效，侧重于防御，过度迷信筑垒阵地的严整、坚固及防御者的火力①。法国军事家对事先构筑的马其诺防线寄予了特殊的希望，这条防线构筑有大量的筑城工事，并配备有大量的火器，被认为是固若金汤、不可征服，

① 战前，法军极为重视防御，其各种条令的基本原则就体现出防御倾向，强调筑垒的战线、地域和边境的构成。法军步兵条令第 2 部（1940 年版）中写道："筑垒战线构成的特点是有配置着大量步兵和炮兵的永备工事……工事是防御中的决定性环节。"条令规定，防御应成纵深梯次配置，包括对空防御、对坦克防御和对化学防御，步兵在战斗中起主要作用，炮兵则在防御和进攻中都能发挥重要作用。当时，法军依旧生搬硬套第一次世界大战的经验，低估了坦克和航空兵等重要技术兵种的作用。

他们低估了军队在决定性方向上集中使用大量兵力、坦克和航空兵实施坚决进攻这种日益增长的能力。结果，当法国军队不得不在野战条件下抵抗法西斯德国军队的进攻时，他们也就没有能力阻止敌军强大的、高度机动的突击集团，也就不能实现积极的机动作战。

另一种是以德国为代表，其军事理论起源于施利芬、毛奇、鲁登道夫、古德利安等人的“总体战”与“闪电战”理论，战前德军完全反对战略防御，只允许在个别方向上实施战役和战术规模的防御。[1] 德国法西斯分子指望在一次速决的进攻战局中取得胜利，同时他们认为转入战略防御，就注定要遭到失败。德军这种在主要方向上集中和增加具有决定性的兵力、实施突然的毁灭性首次突击和迅猛向大纵深发展的进攻、力求在最短时间内粉碎敌人的理论，保证纳粹分子战胜了许多西方的国家。但当德军进攻苏联时，过高估计自己能力、低估苏联的实力、不理解世界大战将不可避免地具有持久性和巨大空间规模最终导致了“闪电战”的破产，而当溃败的德军面对苏军的战略反攻时，战略防御经验匮乏的德军根本无法组织起有效的战略防御。

从某种意义上来说，第二次世界大战是两种军事思想的对抗，即战略进攻思想与战略防御思想的对抗，而伟大卫国战争则将这种对抗演绎得淋漓尽致，战略防御思想在苏德对抗的军事实践中获得了较大的发展。

伟大卫国战争爆发后，轻视战略防御使苏军在战争初期遭受了重大失利，但苏军在敌军掌握战略主动权和制空权的不利情况下，组织与实施了战略防御行动，解决了关于战略防御的一系列问题。

---

① 德国军事理论浸透着露骨的侵略性进攻精神，军队都是以进攻的精神来教育和训练的，当时德军的各种条令和教范都反映出军队积极、大胆、广泛地实施进攻战斗行为的思想，其中1933年版“军队指挥”条令，规定了各种各样的进攻行动——正面进攻、包围进攻、侧翼进攻，防御则未被引起注意，甚至条令中没有阐述防御的单独篇章。以此理论为指导，德军将进攻的胜利寄托于攻击的突然性和战略骑兵、坦克和航空兵迅速而猛烈的进攻行动上，低估了炮兵和步兵等重要兵种的作用，这一点同法军的观点恰好相反。

在付出了沉重的代价后，苏军靠战略防御扭转了战争的进程，为最终转入战略进攻创造了条件。苏军的一系列军事实践（1941 年夏秋战局、1942 年夏季战局和 1943 年夏季战局），积累了组织与实施战略防御的经验，包括：正确判断敌军的主要突击方向、构筑和建立多地带大纵深防御配系、建立与合理使用强大的战略预备队、广泛实施兵力兵器机动与变更部署、组织战略方向之间以及诸军兵种之间的战略协同等。

伟大卫国战争中苏联战略防御的经验与教训是战后苏联军事学术界的热点问题之一，从赫鲁晓夫时期，到苏联解体后的俄罗斯联邦时期，关于此方面的研究一直没有停止过，本书在后面的章节中会涉及部分军事家的研究。所有这些研究中都充分肯定了伟大卫国战争中战略防御的成功经验对发展苏联军事学术的重要作用和对未来战争的指导意义，对失败的教训和深刻的警示也曾作过详细的总结，它们都构成了战后苏联战略防御思想发展的基础。纵然如此，并不能保证俄（军）在此问题上不犯类似的错误，因为“俄罗斯民族是一个让人捉摸不透的民族”，在军事问题上亦是如此。

第六章　战后时期战略防御思想的曲折发展

一、战略防御的总结与思考（1945—1960 年）

（一）战略防御思想发展的历史条件

战略防御思想发展的该历史分期是以伟大卫国战争结束为起点，到 1961 年苏联火箭核战略出炉为截止点。① 该时期苏联军事战略方针是 1952 年苏共 19 大确立的“加强积极防御，防止敌人侵略”积极防御战略，它是由苏联当时政治和军事因素决定的。

战后斯大林时期，斯大林个人的军事观点依旧占据着绝对的主导地位，对斯大林军事艺术“歌功颂德”的研究占了相当多的篇幅，对战前战略防御理论匮乏与忽视的问题常常是避而不谈。斯大林去世后，以 1956 年苏共 20 大为分界岭，苏联军事学术开始冲破“斯

---

① 这里划分的主要依据是：斯大林去世后的 1953 年至 1959 年间，苏联在军事技术方面取得了突破性的发展，但苏军关于进行战略性战役和战争的方法基本上仍延续了战后斯大林时期的军事思想，包括对战略防御问题的观点和看法。俄罗斯联邦国防部高级军事院校教材《军事艺术史》（«История военного искусства» М.：Воениздат，2006.）中指出，20 世纪 50 年代后半期，随着核武器逐步装备到军队中，对未来战争性质的判断发生了根本性变化。当时认为，战争的双方将竭力追求在尽可能短的时间内达到自己的目的，在这种情况下，战争初期将具有决定性的意义，其主要内容将是使用核武器展开积极的、坚决的军事行动，达到最起码的战略目的，大部分情况下是依靠进攻来完成的，而防御只是被看作是被迫的、临时的军事行动类型，上述观点跟伟大卫国战争结束后斯大林时期的观点基本上保持了一致。由国防大学王海、李植谷主编的《苏联军事战略概论》一书指出，1953 年起，苏联军事科学围绕着核武器引起的一系列军事理论问题进行了广泛的研究和讨论，1954 年 11 月苏共中央和苏联部长会议做出决定要求武装力量的全体官兵开始研究核武器和核条件下的作战方法。但从 1953 年至 1959 年由于苏联火箭核武器上处于数量不足、质量不够完善的初级阶段，苏军依旧是根据第二次世界大战的经验来研究进行战争的方法，其军事战略和军事理论并没有发生根本性变化。

大林军事科学的禁锢”，学术研究迎来相对活跃的时期。其主要推动因素：一是军事学术研究氛围自由，军事科学，尤其是战略领域的研究，不再是学术研究的禁区；二是大量新式武器的出现和应用，促使苏联的军事家们重新对未来武装斗争的性质进行思考，研究未来武装斗争各种类型的军事行动中武装力量的运用问题。

由于军事技术最初发展的局限性尚未对军事战略产生决定性的影响，同伟大卫国战争时期相比，过去建立在苏联军事实践基础上并由军事学术理论总结出来的各项防御理论仍然完全适用，“关于防御目的和任务、军队转入防御的条件以及决定防御胜利的条件等问题的基本原则，与过去都完全一样。”①

1957 年 5 月，苏军军事科学会议召开，苏军加强了对新条件下军事学术问题，特别是对以前斯大林时期忽视的或否定的关于防御问题的研究。该时期内，苏军关于军事战略的学术专著依旧没有出版，但苏联军事家们在军事杂志上纷纷发表了一系列探讨战略防御组织与实施的文章，防御问题的研究占了相当的比重，尤其是 1957 年《军事思想》杂志为例，刊登了大量关于防御问题的文章，该时期比较有代表性的作者和文章有：克拉什尼科夫的《战略进攻和战略防御》、图尔琴科的《论仓卒转入防御》②、切斯洛夫、库佐夫的

① В. Числов О. Кузуб: Некоторые вопросы современной обороны. « Военная мысль », 1957, № 06, стр. 14.

② 图尔琴科根据伟大卫国战争的经验指出了仓卒转入防御的重要意义，并指出在当时条件下对仓卒转入防御研究的必要性。文章详细分析了仓卒转入防御的性质，指出在各种场合——进攻、防御、遭遇交战或遭遇战斗、退却、合围、突围、空降兵在敌人后方行动、实施登陆战役时——都有可能要组织这种防御，并从各个方面阐明了在进攻过程中以及在防御战役和退却过程中所仓卒转入的防御各有哪些特点、困难和长处。(《军事思想》1956 年第 11 期)

《现代防御的几个问题》①、费多罗夫的《现代战役中军队的对空防御》②、提林的《现代防御战役的特性》③、契明的《坦克第1集团军在库尔斯克防御交战中的战斗行动》④、布奇甫琴科的《论现代条件下军队防御的稳定性》⑤、科雅诺维奇《战略防御》等等。

伟大卫国战争结束后至20世纪50年代中期，苏军关于战略防御的理论基本上停留在战争年代的观点上，即：

战略防御和战略进攻都是战略行动的主要类型和进行战争的方法，“无论在战略、战役和战斗上都必须有防御”⑥；

当不能实施战略进攻或者实施战略进攻不合理时，军队可以转入战略防御，战略防御可以在军事行动整个地段实施，也可以在武

---

① 两位作者阐述了大量新式武器的出现对组织与实施防御战役和防御战斗的方式和方法产生的影响，但文章指出过去防御的原则和方法依然适用，分析了防御新的发展趋势，包括：防御地段和地带正面与纵深加大、增强防御工事的防护性能、防御方预备队作用显著提高。文中还详细阐释了当时条件下防御的组织与实施的问题。（《军事思想》1957年第6期）

② 费多罗夫指出，航空兵和无人驾驶兵器的大量使用，对空防御的意义和作用凸显出来，作者详细分析了军队对空防御的特点和组织实施方法，阐释了歼击航空兵的使用、高射炮兵和高射导弹的使用、侦察与报知配系、各防空兵器之间的协同、对空伪装、防空兵力、兵器的战斗准备与指挥等问题。（《军事思想》1957年第3期）

③ 作者分析了当时防御战役的主要性质和特点，其表现是防御的规模越来越大，持续时间将会缩短，防御具有非常积极、紧张、稳定性强、机动性大的特点。（《军事思想》1957年第10期）

④ 契明分析了库尔斯克会战的防御时期，苏军坦克集团军与诸兵种合成集团军在同一地带内进行防御的问题，总结了坦克集团军在组织与实施战略防御过程中的成功经验。坦克集团军主要是扼守诸兵种合成集团军的第二防御地带和后方防御地带，坦克集团军的兵团和部队则配置在步兵师的战斗队形内，利用掩体内的坦克火力和由纵深调来的部分坦克兵力歼灭突入的敌坦克集群，扼守防御地区，其行动保障了防御的稳定性，击退了敌大量坦克的冲击。文中指出，在未来战争中，使用坦克集团军来进行防御交战时是完全有可能的。（《军事思想》1957年第3期）

⑤ 本文是该时期研究苏军主要敌人——美军防御问题的文章，作者布奇甫琴科详细分析了原子武器出现以后，美军阵地防御和机动防御的新发展。改善阵地防御的方法是制定和实现军队对原子防护的措施，提高机动防御稳定性的措施是加强工程构筑、火力毁伤以及实施反冲击和反突击，机动防御的实质在于最大限度地发挥防御的积极性，以进攻性的行动实施防御。（《军事思想》1957年第1期）

⑥ 转引自：中国人民解放军军事科学院科研指导部编：《战后苏联军事思想的演变》资料汇编（1982年6月8日），原文参见：20世纪50年代初期苏军教材《方面军防御战役的组织与实施》。

装斗争的某个地段实施，转入战略防御可以是被迫转入，也可以是预有准备的；

战略防御将是由数个方面军在远程航空兵、国土防空军、海军（濒海方向）的协同下，“同时和连续实施的各种战役包括地面战役、空中战役、防空战役，有时包括抗登陆战役或登陆战役、海上战役等的总和”。

战略防御的目的是扼守所占的阵地和地段，抗击优势兵力的进攻，最大可能地毁伤敌军，为转入反攻（进攻）创造有利条件。

但该时期苏军几乎重蹈了战争爆发前的错误，即战略防御没有得到应有的重视，苏军虽然承认了战略范围内实施防御的必要性，但当时战略防御仅仅是被认为是一种“临时的、辅助的”行动类型。20 世纪 50 年代后期，苏军认为，随着军事技术的发展，尤其是原子武器的出现，战后武装斗争的性质发生了某些改变，对组织与实施防御的方式和方法产生了影响，过去防御的基本理论原则获得了进一步的发展。

（二）强调战略防御的暂时性、辅助性

战后苏联军事理论认真总结了伟大卫国战争的经验与教训，能够比较客观地评价战略防御和战略进攻的地位和作用。苏军认为，作战的艺术就在于掌握一切军事行动的方法和样式，合理地运用它们，善于结合使用它们，并根据政治形势和战略形势及时地采用其中的某一种。如果说战术范围内还能比较明确区别出进攻和防御（师通常不是进攻就是防御），那么在战役，尤其是战略范围内，经常是既没有“纯”进攻，也没有“纯”防御，战略进攻绝不能看作是处处不断的进攻，因为战略进攻本身就有机地包含着防御行动，甚至是大规模的防御行动，战略防御本身同样也不只是防御战役，它必然包括目的有限的进攻行动。

但苏联的军事理论同时坚持认为，防御作为战略规模的军事行动类型，只能具有明显的临时性，战略防御只是一种暂时的、辅助

性的战略行动类型。[①] 战略进攻比战略防御是具有一定优越性的，这是“因为进攻的一方掌握主动，能自由选定突击地点和时机，就是在兵力处于优势甚至劣势的情况下，也能在选定的方向上造成优势。进攻一方因为行动自由，能充分利用突然性的效果，能根据自己的战略企图和计划行动，而由于某种原因而放弃战略进攻的一方，就会因此处于被动”，同时“胜利实施的战略进攻能使全军和全国人民坚信自己的力量，能提高指战员的积极、主动、勇敢精神，激发军队士气，沮丧敌人的情绪”[②]，战略进攻不仅包括歼灭敌人的防御军队，而且包括攻占对方主要的军事基地（人力资源和重要的经济地区）。当敌人在兵力占有绝对优势时，采取战略防御也可能取得胜利，其前提条件是：善于正确使用大规模毁灭性武器、善于利用军事地理条件、善于发挥军事工程的作用和善于广泛地机动兵力和兵器。

该时期的战略防御理论还论证了实施战略退却的可能性。苏军认为，在非常不利的情况下，组织与实施战略防御时，可以实施大规模的战略退却。“高级战略机关在万不得已的情况下可能命令军队向后作大踏步的退后，但是，必须具备两个条件时方可采取战略退却：一是领土特别广大；二是国家极重要的地区不致因退后而丢失”[③]。但苏军同时又对此情况下的战略防御提出了质疑，“在现代条件下，故意将主动权让给敌人，却是值得考虑的，因为这样做可能造成极其严重的后果”[④]。

苏军克拉什尼科夫中将认为，不管防御一方如何积极，其掌握

---

① История военного искусства МО РФ: Учебник для высших военно-учебных заведений МО РФ. М., Воениздат, 2006. стр. 266.

② С. Красильников: Стратегическое наступление и стратегическая оборона. «Военная мысль», 1957, №12, стр. 20～31.

③ С. Красильников: Стратегическое наступление и стратегическая оборона. «Военная мысль», 1957, №12, стр. 20～31.

④ С. Красильников: Стратегическое наступление и стратегическая оборона. «Военная мысль», 1957, №12, стр. 20～31.

主动权的能力，比起进攻一方来说是极其有限的，因为选择突击时机和突击方向的主动权是掌握在进攻一方的手里，防御一方只有在下列条件下才可以改变这种被动态势：进攻一方的兵力因遭受重大损失，战略预备队被大大削弱，而防御一方则能及时调来战略预备队，在最重要的方向上制止了对方的进攻，而后己方转入进攻。

克拉什尼科夫的观点或许具有一定的代表性："现代的战略防御的能力不论有多大，在我们苏联军事思想看来，它是一种不可缺少的辅助的行动类型，但我们不能指靠它来完成战略任务……历次战争的经验，尤其是1904—1905年的俄日战争、1939—1940年英法作战的经验，不仅告诉我们防御不能赢得战争，而且还告诉我们，单纯采取防御的军队必然失败。因此军队的组织、编制、技术装备、战斗训练和教育方针，应首先是在不忽视防御行动（因为它有助于进攻的胜利）的条件下，使军队成为一支能进行大规模进攻的精锐力量。"①

（三）原子武器的出现对战略防御的组织与实施产生的影响

20世纪50年代后期，随着军事技术的发展，尤其是原子武器的出现，使得战后武装斗争的性质发生了某些改变，过去防御的基本理论原则获得了进一步的发展，对战略防御的组织与实施产生了影响，主要表现在以下两个方面：

1. 第二梯队和预备队在防御中的地位不断提高

伟大卫国战争时期，第一梯队在战略防御的组织与实施中具有决定性的作用，防御一方把第一梯队内可能集中的一切兵力和兵器都集中去扼守防御前沿和整个第一防御地带（主要防御地带），当敌人突入防御阵地后，防御一方就以第一梯队部队和兵团的第二梯队和预备队实施反冲击，消灭突入之敌。第一梯队是抗击敌人进攻的主要力量，第二梯队和预备队只是在第一梯队无力在防御前沿和头

---

① С. Красильников: Стратегическое наступление и стратегическая оборона. « Военная мысль », 1957, №12, стр. 20 ~ 31.

几道阵地上击退敌人的进攻时，才投入战斗，如果第一梯队抵挡住了敌人的进攻，那么第二梯队和预备队基本上就不动用。原子武器出现之前，两个梯队任务的划分是完全合理的，因为过去第一梯队诸兵种合成部队和兵团根据自身的战斗编成和装备，得到一定的支援和加强，在运用火力、机动与地形和友邻协同下，完全有能力击退敌人的进攻和扼守自己所占领的阵地。

原子武器的出现，则使攻防双方能力发生了巨大的变化，攻防对比朝有利于进攻的方向发展。进攻一方在使用核突击后，其装甲坦克兵能够在短时间内迅速而深远地突入防御阵地，第一梯队已经不能可靠地胜任抵抗敌人进攻和扼守自己所占领阵地的任务，而第二梯队和预备队的作用大大地增强。苏军切斯洛夫上校和库佐夫中校在总结伟大卫国战争的经验时指出："伟大卫国战争初期防御战的经验告诉我们，许多防御战斗和战役失利的原因，就在于没有强有力的第二梯队和预备队，在现代条件下第二梯队和预备队的作用更加提高，任何一次防御交战或防御战斗，如果没有预备队和第二梯队，就绝不会取得胜利。"

2. 反突击的成败对整个防御所起的作用空前提高

苏军认为，在使用大规模毁灭性武器的条件下，反突击的成败对整个防御战役胜负所起的作用空前提高，通常反突击是防御交战进程中的转折点，能够粉碎敌人的进攻，击毁敌人的突击集团，并恢复防御原态势，而反突击和反突击中使用原子武器具有特别重大的意义。实施反突击的兵力可以由第一梯队兵团和部队、第二梯队和预备队共同来实施，以第一梯队兵团和部队使用原子武器实施反突击可以达成突然性，而纵深配置的第二梯队和预备队主要担任发展反突击的胜利的任务。[1] 关于反突击的方向，苏军认为在将基本反突击力量集中于主要方向的前提下，最好能沿数个不同的方向实施反突击。关于反突击的时间，当进攻者的主要集团在突破过程中已遭到重大损失时，实施反突击较为有利，同时最好在防御军队还在扼守防御的战术地幅时实施反突击，同伟大卫国战争时大部分反突击在早晨实施所不同的是，在使用大规模毁灭性武器后，夜间实施反突击具有许多重要的优点。此外，苏军认为应当竭力避免担任反突击的第二梯队军团和部队遭受敌人原子武器和化学武器的袭击。苏军中校艾尔别林曾在 1957 年第 9 期《军事思想》杂志上发表了题为《现代防御中反突击的特点》的文章，专门探讨了现代防御中反突击的重要性以及组织与实施的方法。

苏军切斯洛夫上校和库佐夫中校在《现代防御的几个问题》（《军事思想》1957 年第 6 期）中则详细分析了交战双方使用原子武器后，防御的组织与实施呈现出的三个新发展趋势：首先，加大防御地段和地带的正面和纵深，以便使防御军队能更加分散地进行配置，它可以削减进攻一方使用大规模毁灭性武器的效果，但它是有一定限度的，其标准是确保防御的稳定性和战斗队形（战役布势）各组成部分之间的协同动作[2]；其次，加强防御工事的防护性能，即增大防御工事的深度，增大有生力量与技术兵器的掩蔽工事的强度，军队不论在哪种条件下转入防御，必须要置备并运送大量的木材、钢材和钢筋混凝土的构件以及构筑防核武器工事所必需的其他各种

---

① 按照当时世界上主要大国的观点，反突击主要是由军团的第二梯队担任，该部分兵力在反突击前配置在防御纵深内，不参加防御交战，而进行防御战斗的第一梯队也可以参加反突击，但只起辅助作用，主要是保障由纵深开来的军队实施反突击。但苏联的军事学术认为，在密集使用大规模毁灭性武器后，防御者在选定方向上可以造成火箭武器、航空兵和装甲坦克兵的优势，通过密集使用原子武器，能使敌军遭到重大的杀伤，因此可以在该方向上与敌人直接接触的第一梯队兵团实施反突击。

② 两位作者指出，如果超出这个限度而去继续加大防御的正面和纵深，是没有什么实际意义的，因为那样做下去，不但不能加强防御，而相反势必使防御遭到削弱，协同动作同样会遭到破坏，因此防御地段和地带正面与纵深的加大是具有一定限度的，不能盲目地加大。

器材；最后，防御一方的预备队作为向敌人突破方向上迅速增强防御兵力和抗击敌人进攻手段的作用更加提高，它是由两种情况决定：第一，必须经常保持（在遭受敌方核武器袭击后，必须在短时间内恢复）防御的稳定性与不可攻破性；第二，必须加强防御的积极性，防御积极性的最高体现是及时、大胆而坚决地实施反冲击和反突击。[①]

（四）对战略防御主要发展趋势和特点的认识

关于战略防御的主要发展趋势，苏联军事理论界基本上形成了统一的认识：

首先，战略防御具有更加坚决、积极的发展趋势。大量新式武器的出现，促使现代的战略防御同第二次世界大战相比，具有更坚决、更积极地特点，因为防御一方可以使用新式武器在短时间内、有限地域内，集中大规模毁灭性武器，而进攻一方的重兵集团很容易陷入实施战略防御一方的集中突击之下而被聚歼。

其次，战略防御的规模和范围不断扩大，战略防御这种军事行动类型已经成为“同时和连续实施的各种战役包括地面战役、空中战役、防空战役，有时包括抗登陆战役、登陆战役或海上战役等的总和”。

其规模和范围的扩大主要体现在两个结合上：第一，军队在某些战区或战略战线某些地段的防御行动，可能同军队在其他战区和地段的进攻行动相结合，可能包括许多以吸引敌主要方向的兵力和增强防御稳定性为目的的局部进攻战役；第二，战略防御已经不仅仅是局限于陆地性质的防御行动，它可能是由陆军在陆地的防御行动同空军在空中、海军在海上积极的进攻战役相结合的。战略防御的军事行动可能包括空军和国土防空军向进攻一方的空军所进行的规模极为巨大而紧张的斗争，可能包括由空军实施的以破坏敌经济

① В. Числов О. Кузуб：Некоторые вопросы современной обороны. « Военная мысль », 1957，№06，стр. 14.

潜力为目的的战略性进攻战役，可能包括由海军、空军和专门指派的陆军与空降军战役军团实施的抗登陆（防空降）斗争，这些斗争都具有战略规模。

关于战略防御特点，克拉什尼科夫指出，现代战略防御的特点是“力求在敌人使用大规模毁灭性武器条件下提高防御的稳定性和生命力，顽强扼守阵地，战斗行动带有高度的积极性；竭力改变决定性方向上不利的兵力对比，最大限度地削弱敌人，从而保证在转入进攻后迅速彻底地歼灭敌人”。[①] 1952 年初，苏军制定的《战役实施教令》则对战略防御提出了明确的要求：战略防御应当是纵深梯次配置的、积极的，在对坦克防御、防空和抗登陆方面是牢不可破的。

二、战略防御的全盘否定（1960—1964 年）

（一）战略防御思想发展的历史条件

战略防御思想发展的该历史时期是从 1960 年初苏联火箭核战略正式出炉开始，其标志性事件是苏联战略火箭军组建完成，苏军公开宣布“用导弹核技术装备苏军的工作已全部完成”，苏联战略防御思想的发展出现了根本性的转折，战略防御思想被全盘否定，苏联军事领导人赫鲁晓夫所宣扬的“核大战”和“核武器制胜论”成为苏联军事理论研究的主要指导思想。该时期战略防御思想发展的历史截点是 1964 年苏联核讹诈政策破产，赫鲁晓夫下台，苏军开始对火箭核武器的地位和作用有了比较客观、接近实际的看法。

该历史时期内，苏联对战略防御思想的全盘否定同苏联国内外政策和军事技术领域的巨大变革有着直接的联系。在国内外政策方面，赫鲁晓夫开始执政，在国内全面批判对斯大林的个人崇拜，在国际上同美国开始争霸；在军事技术领域，苏联不断取得重大的突

---

① С. Красильников: Стратегическое наступление и стратегическая оборона. « Военная мысль », 1957, №12, стр. 20～31.

破，1954 年，苏军开始装备核武器，同年 9 月首次举行了核条件下的大规模实兵演习，1957 年，苏军先于美军制成洲际弹道导弹，并成功发射了第一颗人造地球卫星，1960 年初，战略火箭军组建完成，由此苏军改变了前几年对核武器的研究仅局限于技术性能的作法，开始围绕火箭核武器条件下的军事科学展开研究，苏军过分夸大核武器的地位和作用，积极鼓吹实施核突击，全盘否定战略防御思想。

（二）全盘否定战略防御，只承认战役防御和战术防御

赫鲁晓夫执政的 20 世纪 60 年代初期，苏军对未来战争的性质产生了绝对化和片面化的判断，当时苏军认为，未来的战争将不可避免地成为火箭核战争，因为任何“小”战争都将不可避免地发展成为“大”战争，战略火箭军的地位和作用被提高到前所未有的高度，其他的常规力量已经失去了作用，战争的主要目的和任务将是由战略火箭军实施集中的火箭核突击方法达成，战略防御，甚至包括战役防御，都已经失去了意义，任何防御理论绝不会带来胜利，主张先发制人，突然袭击。战争的开始阶段将决定整个战争的发展和结局，鼓吹首先以战略核武器向对方实施“毁灭性的核突击”，力求在战争初期的短时间内达到主要政治目的和战略目的，火箭核战略指导下的苏联军事战略已经完全否定了战略防御。

苏联的军事理论认为，火箭核武器条件下，军事行动的战略类型已经没有必要再划分为战略进攻和战略防御，战略防御已经不复存在了，同第二次世界大战时期相比，武装力量整个战略行动体系发生了根本性的变化。苏联军事理论研究者一致认为，未来的火箭核战争的一个突出特点是，武装力量只有两种选择：要么进攻，要么失败。武装力量各军种实施的突击和战役都必须以战略性战役的形式实施，由各军种按照统一企图和计划，在统一战略领导下实施协调一致的行动，实施战役的主要力量是战略核武器，首先是战略火箭军。苏联国防部总监、苏联元帅 И. Х. 巴格拉米扬在《战争史和军事学术史》中指出，在火箭核战略指导下，苏军将战略行动的

基本类型划为四种形式：火箭核突击、陆战区的军事行动、国土对敌人核突击的防护、海战区的军事行动。苏军认为，在世界核战争中将运用上述每一种类型的战略行动，最先采取的战略行动将是火箭核突击以及远程航空兵的战役，战斗和交战的成败将完全取决于核突击的效果。[①]

苏联的军事学术界基本上按照赫鲁晓夫的基调，积极鼓吹火箭核武器制胜论，完全否定了战略防御。苏军副总参谋长 C. M. 什捷缅科上将于 1965 年在《军事上的革命问题》一书中说："苏联军事学说认为，战略防御在现代战争中是一种不容采取的战略行动。"苏军另一位军事理论家曾撰文说："火箭核突击已迫使战略防御从战争舞台上消失了。"[②]

赫鲁晓夫时期，苏联军事理论研究的重大研究成果是 1962 年出版、由苏军总参谋长 B. Д. 索科洛夫斯基主编的《战略》一书。该书是斯大林大规模清洗运动结束后苏联军事学术界出版的第一本军事战略著作，距 A. A. 斯韦钦的《战略》（1926 年）相隔了整整 36 年，但同 A. A. 斯韦钦提出"消耗战略"不同的是，B. Д. 索科洛夫斯基元帅则完全是赫鲁晓夫火箭核战略的积极鼓吹者和呐喊者。他在 1962 年第一版的《战略》中说："战略进攻和战略防御作为进行火箭核战争条件下的战略行动类型，已经失去了原来的意义……至于战略防御或防御战略，它们对国家则是十分有害的，应当坚决摈弃。……承认战略防御是现代战争中的基本战略行动类型之一，就意味着承认整个防御战略，实际上就是在现在条件下硬搬伟大卫国战争初期的情况。"[③] 作者上述观点直到《战略》1963 年第二版和 1968 年第三版均未改变。

---

① 转引自苏联国防部总监察长、苏联元帅 И. Х. 巴格拉米扬：《战争史与军事艺术史》，苏联军事出版社，莫斯科，1970 年版，第 567—572 页。

② 转引自：Н. 斯贝托夫：《军事上的革命及其后果》，原文载于 1963 年 2 月 15 日的苏联《红星报》。

③ В. Д. 索科洛夫斯基著，中国人民解放军军事科学院译：《战略》，北京：中国人民解放军军事科学院，1963 年版，第 179 页。

赫鲁晓夫时期，火箭核战略指导下的苏联军事战略已经完全否定了战略防御，战略防御被认为是一种不合理的军事行动样式，但是它并不否认战役和战术层面的防御，“由于火箭核武器的蓬勃发展，认为战略防御是不合理的这样一种观点已在战略理论中占了上风。同时认为，作为军队战斗行动类型的防御，将在次要方向和次要地区、辽阔的海洋沿岸，以及主战区的个别方向上实施，而且仅限于战役和战术范围。”① В. Д. 索科洛夫斯基主编的《军事战略》同样承认了战役防御、战术防御的地位和作用，并写道：“在现代条件下，战略防御以及随后的反攻是不能保障达到战争的坚决目的，但是这并不是说，在未来战争中防御这种被迫采用的暂时性的战斗行动类型就不存在了。为了全面掌握所有作战形式，苏军应当研究和学会防御。但是，这里指的是战役战术范围的防御。”“在未来战争中还会发生防御战役，不能认为在整个战争过程中都一直实施进攻。在战争的个别阶段，在个别方向上甚至可能在个别战场上有时不得不转入防御。因此苏军应当精通防御战役的实施方法。苏联战略学否认战略防御和整个防御性战争，但绝不否认战役防御特别是战术防御。”②

三、战略防御的部分肯定（1965—1985 年）

（一）战略防御思想发展的历史条件

战略防御思想发展的该历史时期是从 1965 年勃列日涅夫执政开始，到 1985 年戈尔巴乔夫上台为止。该时期内，苏军的战略防御观点再次发生重大转折，由 20 世纪 60 年代战略防御的全盘否定和摈弃转为重新肯定，战略防御思想获得了新的发展。需要强调的是，

---

① 转引自苏联国防部总监察长、苏联元帅 И. Х. 巴格拉米扬：《战争史与军事艺术史》，苏联军事出版社，莫斯科，1970 年版，第 567—572 页。

② В. Д. 索科洛夫斯基著，中国人民解放军军事科学院译：《战略》，北京：中国人民解放军军事科学院，1963 年版，第 179 页。

该时期苏军对战略防御的肯定是以战略进攻为主要条件下的部分肯定。

作为军事行动类型的战略防御重新获得肯定，是同当时苏联所处的国际环境和军事战略指导思想密切相关的。当时国际上已经结成各个敌对的军事联盟，苏联面临着多线作战的威胁。苏军认为，今后的军事行动有可能同时在数个战区或战略方向展开，同数个强大的敌军集团作战，但苏军不可能在每个战区或战略方向上都拥有决定性的兵力兵器优势，并且自始至终一直实施战略进攻，在这种情况下苏军必然会集中其主要力量于最主要的战区或战略方向，而在次要战区或战略方向暂时转入战略防御，待实现预定战略企图后，再重新调整部署，在次要战区或战略方向上转入反攻。

（二）关于组织与实施战略防御观点的发展变化

苏军以“既打核战争，又打常规战争”的军事战略为指导思想，战略防御又重新得到了部分肯定，苏联军事理论研究了在使用核武器和使用常规武器两种条件下战略防御的组织与实施问题。同以往历史时期相比，苏军组织与实施战略防御的观点发生了较大的变化，下面分别从战略防御的地位、防御的目的、防御战役布势、防御地区和阵地配系、火力配系、反突击等几个方面对两个历史时期的防御观点予以比较，总结该历史分期战略防御的特点及发展趋势。

1. 战略防御的地位和作用得到重新肯定，但这种肯定是以战略进攻是主要行动类型为前提的

苏联军事战略认为，核战争中不再区分战略进攻和战略防御；常规战争中战略防御和战略进攻仍然是战略行动样式（有部分军事理论家认为，在核战争中，当敌人集中使用核武器和常规武器突击，军队战略集团的战斗力迅速下降时，可采取战略防御）。

2. 战略防御的目的更加坚决

粉碎或抗击敌优势兵力的进攻（突击）并给予杀伤，掩护（扼守）占领的地区（地域、目标），节约次要方向上的兵力兵器，在主要方向上造成对敌优势，为己方军队转入进攻创造有利条件。

3. 战役布势不断扩大

苏军认为，现代常规武器的杀伤威力有的已接近小型核武器，无论在使用核武器或只使用常规武器的情况下，战役布势都应该做疏开梯次配置。方面军战役布势由一至两个梯队、方面军属的火箭部队、炮兵、空军、防空兵的兵团和部队、专业兵、各种性质的预备队和快速障碍设置队等构成。当方面军成一个梯队布势时，则应建立强大的诸兵种合成预备队。主要特点是：主力常常配置在纵深内，而不像以往那样配置在第一梯队，从而有利于“在防御交战过程中实施广泛的机动，并可以对楔入之敌实施强大的反突击创造条件”；兵力兵器的疏开程度增大，保持防御的完整性，提高军队的战场生存能力。

4. 火力配系出现新特点

苏军制定了核和非核两种条件下火力配系的特点，在集团军防御中火力杀伤敌人的方法是火箭兵、航空兵、炮兵和其他火器实施预有准备的火力突击。火力配系应与工程障碍物配系协调，在使用核武器时还应与核突击相协调。

5. 反突击的力量增强

反突击“通常使用方面军（集团军）的第二梯队和预备队，航空兵的基本兵力，以及战役第一梯队的兵团（部队）和从其他方向调来的军队”，参加反突击的兵力兵器要远远多于以往时期。以集团军使用 1 个摩步师和 1 个坦克师进行反突击为例，人员增加 8.8%，压制火炮增加 78%，坦克增加 2%，步兵战车增加 80%。

同以往历史时期相比较，苏军组织与实施战略性防御战役发生的变化主要有：

第一，防御性行动趋于减少，进攻性行动逐步增大，防御表现出更大的积极性和主动性。

第二，兵团以上各级的第二梯队或合成预备队，通常不预先占领阵地，而是集中配置在防御纵深，担任机动作战，防御表现出的机动性越来越明显。

第三，以往防御通常是把主要兵力兵器预先配置在敌人可能进攻的方向上，用于抗击敌人主力突击，而现在则是在战役过程中才集中兵力兵器，防御战役的组织与实施将更加具有灵活性。

第四，以往是以主要兵力防守战术地幅，现在则不完全依赖第一梯队兵团防御的坚固性，防御将依靠火力和第二梯队的机动，防御纵深梯次配置兵力将继续增加。

第五，以往的防御是由前向后逐步展开的，现在则是在防御的全纵深内同时都有战斗行动，防御将由正面抗击向全纵深多方向发展。

（三）防御样式：从方面军防御战役到战区战略性防御战役

20 世纪 70 年代，苏联军事理论界开始重新肯定战略防御的地位和作用，并制定了方面军防御战役理论，当时的观点是："在西部战区，方面军可在正面为 500—600 千米的地带，在东部战区可在 1000—2000 千米的地带实施防御战役。方面军需在纵深 300 千米内建立防御，在其范围内应构筑 3—4 道防御地区：第一防御地区由 2 个防御地带组成，其后是 1 个集团军防御地区，以及 1—2 个方面军防御地区。在任何情况下，方面军防御战役都应积极顽强，实施导弹火力还击、航空兵还击，而在核战争中首先实施核突击，并实施坚决的反突击和兵力兵器的快速机动。"①

关于战略防御，则仅在统一的战区战略性战役范围内加以考虑，当时认为："战略防御是旨在抗击侵略者突然袭击的战略性战役组成部分。"实施的主要方法是在较短时限（不超过 5—7 昼夜）内，实施首次集团军防御战役，不得已时实施首次方面军防御战役，尔后，应在战区全纵深展开迅猛的战略进攻。同时苏军承认，战略进攻的过程中，在短时间内并不排除实施独立的防御战役，主要是集团军或方面军规模的防御战役，以抗击敌人的反突击或反攻。

---

① B. A. 佐洛塔廖夫著，李效东等译：《俄罗斯军事战略史》，北京：军事科学出版社，2009 年版，第 476 页。

到了20世纪80年代初期，苏军才正式提出战区战略性防御战役，其理论被写入《苏联武装力量战役准备与实施基础》第二版中，苏军在之后的演习中对其进行了验证，并详细研究了战区战略性防御战役的理论。

战区战略性防御战役是由战区武装力量战略军团实施，是“在战区总指挥部统一领导和直接指挥下，为达成一定的军事——政治及战略目的而按统一企图和计划同时和先后实施的，在目的、地点和时间上相互联系的防御战役、某些方向上的方面军（集团军）进攻战役、舰队战役、一系列联合战役以及武装力量各军种军团（兵团）实施的战役、战斗行动的总和”。①

达成战略性防御战役目的的方法是：建立稳定和纵深梯次配置的战略防御；坚决抗击敌从空中、地面和海上实施的突击；顽强扼守军队已占领的地域和地区；最大限度地削弱敌进攻军队集团；以积极的行动对敌实施毁伤并使其丧失继续进攻的能力。

战区战略性防御战役具有以下几个突出特点：武装力量的大部分或所有军种参加战役并联合遂行防御任务，使战役具有了合同性质；战略目的重大；空间规模广阔，军事行动同时在地面、空中和海上展开；大量使用各种毁伤兵器；以核突击和火力突击的方式对整个战区或战区大部分地区的敌武装力量集团和目标实施毁伤；参加战役的兵力兵器在统一指挥下行动；物质器材的消耗巨大。

战略性防御战役的组成部分可能有：第一梯队方面军（独立合

---

① 苏军“战区战役”理论形成于20世纪60年代，到了80年代中期逐渐发展成熟。1985年，苏军前总参谋长、苏联元帅奥尔加科夫在《历史告诫我们要提高警惕》中提出：“现在，陆军、空军和海军的战斗力、它们的武器装备的远程作战能力和机动能力都已大大提高，突击集团集结和物资补给所需时间已缩短，各军种完成战役战略任务的条件和形势已发生变化。同时，最高军事领导已能直接、决定性地影响战争进程和结局。总之，各军种兵团和军团原来的使用方式，在很大程度上已经不再适应现代条件。因为，现在能作为基本战役样式的，已不是方面军战役甚至也不是方面军群战役，而是更现代化、更完善和规模更大的样式——战区战役。”（原文参见奥尔加科夫《历史告诫我们要提高警惕》，1985年）

成集团军、坦克集团军）首次防御战役，有时还有后续防御战役，而在某些方向上则为进攻战役；第二梯队方面军防御战役（独立集团军战役）；战略反突击；舰队战役；防空战役和某些情况下的战区空中战役；战区反空降战役；最高统帅部战役用途空军集团军的空中战役（战斗行动）；火箭兵、防空兵、战区总指挥部直属的专业兵兵团和部队的战斗行动。在核战争中，战略性防御战役最重要的组成部分是战区首次核突击。此外，在遂行战略性防御战役的任务时，应考虑和利用部分战略核武器根据最高统帅部的决心和按战略核力量战役计划在战区范围内实施核突击。

根据每个战区的具体条件，战役内容所包括的组成部分和实施顺序应完全符合敌我双方的编成和战斗能力、敌行动的性质和战区条件，并应与战争中武装斗争总的进程协调一致。在战略性防御战役中起主要作用的是，与战略军团编成内的其他军队、舰队兵力联合遂行抗击敌进攻任务的第一梯队方面军的首次防御战役。方面军后续防御战役通常在军队退至后方战略地区后实施。

战区战略性防御战役的范围，可包括整个战区或战区的大部分地区，其范围在欧洲战区平均为800—1000千米，在南亚和东亚战区达2000—3000千米或更大。战略性防御战役中军事行动的纵深可根据战略军团拥有的毁伤兵器对敌实施毁伤的距离以及实际上包括整个战区防御态势的纵深确定，战略性防御战役的持续时间根据战区武装力量抗击敌入侵和粉碎敌战略进攻（反攻）所需要的时间确定。

四、战略防御的完全肯定（1985—1991年）

（一）战略防御思想发展的历史条件

20世纪80年代后期，戈尔巴乔夫推行的“政治新思维”波及到军事领域，苏联军事战略走向另一个极端——完全肯定战略防御，彻底放弃战略进攻。苏联首次提出了“纯防御性战略”、“同等安全”和“非攻势防御”的概念，将“纯防御”视为军事行动的基本类型，完全放弃战略进攻，并提出："战争开始时，防御将是最重要和运用最广泛的战斗类型"，苏军公开做出"三不承诺"，即不首先对任何国家进行战争或采取军事行动，不首先使用核武器，不越过边境作战。"苏联和华约组织的军事战略都是纯防御性质的，防止战争成为首要任务。"

以戈尔巴乔夫在苏共27大的政治报告中提出"苏联军事学说具有单一的防御目的性"为标志，进攻"在核时代不可能成为军事行动的基本类型"的观点占据了统治地位，"纯防御"和"合理足够原则"的思想指导着武装力量建设与日常训练。

1. 军队结构方面

苏军大幅削减军队，使武装力量具有非进攻性结构，军区由16个减至10个，五大军种改为三大军种，战略火箭军降为空军的一个兵种。

2. 武器装备方面

最大限度地限制苏军武器装备编成中的突击武器系统，撤销了战略火箭军中全部的中程导弹和陆军中所有的战役战术火箭部队，缩减了1/3的战略轰炸机航空兵团编制实力，1/4的歼击轰炸机航空兵编制实力。

3. 训练方面

人数在万人以上参加的演习由1987年的47次减少到1990年的4次，陆、空演习全部收缩到本土进行，海军的演习撤至近海，演习的内容改为陆军着重边境防御、空军和防空军进行防（反）空袭作战、海军实施岛岸近海防御作战。

4. 兵力部署方面

逐步撤销战区，撤回国外驻军，采取战略收缩的防御态势，撤销了苏军在亚洲恰克图及欧洲明斯克的两个战时担任大纵深突击任务的新型陆军军。

苏联军方先后在军事杂志、官方讲话中对军事战略方针和军事原则提出许多新的观点和看法，以迎合苏共27大政治路线和戈尔巴乔夫的新思维，这些新的观点和提法同过去有着很大的不同，尤其是在战略防御问题上来了个 180 度的大转弯，战略防御的地位和作用获得完全肯定，甚至是过度极端的肯定。时任苏联国防部长亚佐夫大将 1987 年 10 月出版一本题为《保卫社会主义与和平》的小册子，指出："苏联军事学说认为，防御是反侵略的基本军事行动类型。"① 原苏军总参谋长阿赫洛梅耶夫也强调："我们的军事学说要求不允许发动先发制人的打击，要求武装力量以从侵略开始采取应对的防御行动为目标。"

（二）防御被提高到军事行动基本类型的地位

战略防御思想发展的该历史时期内，苏联的军事战略由进攻转入防御，纯防御性的军事战略同以往的积极防御军事战略有着很大的不同，苏军将防御提高到了军事行动基本类型的地位，防御战役将是战争初期战役的主要样式，防御的目的不是彻底消灭敌人，取得战略胜利，而是固守防御地区，挫败进攻之敌，迫使敌放弃进攻企图。苏联军事理论界对防御的解释是"在所有战区实施防御战役已成为占统治地位的方针"，"而以往那种在攻防之间进行抉择的状况已不存在"，"现在解决问题的方法只有一个，即在敌人进攻的所有空间实施防御战役"。②

苏联"军事上的新思维"引起了苏军内部的激烈辩论，"无论就其分歧意见所带有的根本性，还是其激烈程度，或是持续时间之长，都堪称苏联军事发展史之最"③。苏联军方的权威人士几乎一致认为，"强调防御是战斗行动的主要类型时也应注意到，不从防御转入坚决地进攻，就不能歼灭敌人"④。苏联国防部长亚佐夫曾指出：

---

① 知遥："亚佐夫谈苏联战略方针"，载《外国军事学术》1988 年第 2 期，第 12 页。

② 中国人民解放军军事科学院外国军事研究部：《苏联军事基本情况》，军事科学出版社，1991 年版，第 28 页。

③ 朱小莉："前苏联的三次重大军事争辩"，载《中国军事科学》2002 年第 4 期，第 62—68 页。

④ 波尔图加利斯基："苏军从防御转入进攻的几个问题"，载《外国军事学术》1991 年第 5 期，第 22 页。

“仅靠防御不可能粉碎侵略者，因此击退敌人进攻之后，军队应能实施坚决的进攻，转入进攻将采用反攻的形式。”[①] 苏联国防部副部长兼防空军总司令特列季亚克大将说：“防御作战一如既往仍然是我国军事行动的主要类型，仅靠防御未必能彻底粉碎敌人，因此军队必须掌握进攻艺术。”[②] 苏军哲学博士 B. 古林海军少将说：“先实施防御战役，尔后为粉碎敌人而实施进攻，这将是苏联武装力量的主要作战方法。”尽管苏军所强调的“非攻势防御”并不排除实施进攻行动，防御是积极的，应同进攻相结合，但在当时军事技术发展条件下，苏军这种“自废武功”的纯防御思想是值得商榷的。

（三）完全排除先发制人、主动进攻的可能性

苏联的纯防御性的军事学说要求完全放弃先发制人、主动进攻的可能性，战略防御的基本要求是“除了保卫自己外，没有力量对敌方发动突然进攻”。在常规战争中，苏军实施先敌突击的可能性已不存在；在核战争中，苏军强调不首先使用核武器，不准备给敌人以“毁灭性回击”。

（四）取消战区战略性战役，降低了战役指标，缩小战略性防御战役规模

根据纯防御性的军事学说，苏军对大陆战区战略行动理论进行了重大修改，取消了统一的大陆战区战略性战役，制定了三种类型的战役，即战略性防御战役、战略性反攻战役和战略性进攻战役。苏军从客观情况出发，制定了比较合理的战略性防御战役理论，当时认为：战略性防御战役既可在次要战区实施，也可在主要战区包括欧洲实施；战略防御可在整个战区建立，纵深可达450—500千米；战役开始时应抗击敌空天袭击，并立即使用值班兵力对首要目标实施导弹火力还击，尔后对所有目标实施首次密集火力突击；抗

---

① 知遥：“亚佐夫谈苏联战略方针”，载《外国军事学术》1988年第2期，第12页。

② 李木兰译：“苏联关于防御学说的争论焦点”，载《外国军事学术》1990年第5期，第28页。

击敌人入侵和粉碎其进攻集团的方法是实施首次方面军防御战役，如需要则实施第二次方面军防御战役。“同时计划，海军舰队应在有限的和不再扩大的作战海域，实施抗击敌人海上入侵和粉碎其海军基本集团的战役，实施一系列战区空中战役和防空战役，当敌人可能从海上入侵时，还应准备实施抗登陆战役”①。

（五）机动防御重新回归，以阵地防御为主，机动防御为辅

机动防御的重新回归同苏军对未来战争的看法有关。在“纯防御性军事学说”指导下，苏军认为，未来爆发核战争的可能性大大降低，最有可能的是“核武器为后盾的常规战争”，而战后局部战争的经验表明，没有突不破的阵地，必须将阵地防御和机动防御结合起来，机动防御“符合苏军的实际情况”，1989 年 4 月，苏军正式颁发的《陆军战斗条令》（师、团）中规定：“根据战斗任务，兵力兵器的数量，以及地形特点，防御可分为阵地防御和机动防御。”②它标志着机动防御重新回归到苏军的防御思想当中，苏军防御理论从呆板、单一、死守阵地的理论变为灵活、多样、守退打结合的理论。同以前观点不同的是，苏军不再将机动防御看成是一种消极的防御行动，而是看成一种以进攻性行动达成防御目的的积极手段，“机动防御本质是一种攻势防御，机动防御取得胜利的主要标志是通过攻势行动粉碎敌楔入防御的集团”。

苏军认为，现代防御是阵地防御与机动防御相结合，但阵地防御是防御的主要的、基本的类型，而机动防御则只能处于次要的、辅助的地位。实施机动防御的方法主要有两种：一是逐次扼守数个纵深梯次配置的地区（阵地），并在争夺每道防御地区（阵地）的斗争中杀伤敌人；二是在第一梯队展开有限兵力，在第二梯队展开主要军队集团，用于对被引入某一地域的进攻之敌实施猛烈突击。

---

① B. A. 佐洛塔廖夫著，李效东等译：《俄罗斯军事战略史》，北京：军事科学出版社，2009 年版，第 480 页。

② 王勇男：“论俄军机动防御理论的演变”，载中国人民解放军国防大学《教学研究资料》1999 年第 21 期，第 1—8 页。

（六）强调防御的积极性，提高反攻的地位和作用

苏军高度强调防御的积极性，要求从战争一开始就展开争夺战略主动权的斗争，并在各个地区、各个空间采取一切措施和方法，最主要的方法是对敌实施密集火力突击，广泛的火力机动、兵力机动和机动设障，实施反冲击和反突击。

苏军认为，各种规模的反攻是夺取战略主动权最坚决的措施。战区战略性反攻战役计划在战争初期抗击敌入侵之后实施，其主要兵力组成是实施战略防御的兵力和从国土纵深开来的第二梯队军队。战区战略性反攻战役的目的是粉碎敌侵入集团，恢复边境态势，将军事行动推进到敌国境内的规定地区，尔后，或停止战争，或展开战略进攻，并向战区全纵深坚决增进进攻。

本章小结

战后时期苏联战略防御思想的演变发展，共分为四个历史时期：

第一个历史时期是战略防御的总结与思考，苏联战略防御思想发展的特点是反思和总结伟大卫国战争的经验和教训，苏军虽然承认战略防御的必要性，两者都属于战略行动的类型，但是战略进攻比战略防御具有一定的优越性，战略防御问题的研究受到当时斯大林的禁锢，基调都是高度评价苏军在伟大卫国战争中成功组织与实施战略防御的经验，而对战争爆发前对战略防御问题的忽视和否定避而不谈。

第二个历史时期是对战略防御的全盘否定，赫鲁晓夫上台执政后，积极宣扬“火箭核战略”，完全否定了作为战略行动类型战略防御的地位和作用，鼓吹实施“毁灭性的核突击”，但苏军承认战役防御和战术防御。

第三个历史时期是对战略防御的部分肯定，勃列日涅夫时期，苏军围绕着“既准备打核战争，又准备打常规战争”的军事战略方针，重新肯定了战略防御，苏联的军事学术界分别研究了在使用核武器和常规武器两种情况下战略防御的准备、组织与实施问题，苏

军首次提出并制定了大陆战区战略性防御战役的理论。

第四个历史时期是对战略防御的完全肯定，戈尔巴乔夫时期，苏军确立了“纯防御”性质的军事战略方针，将防御视为军事行动的基本类型，将战略防御的地位提到了“前所未有”的高度。围绕着“防御与进攻”的问题，苏联军事学术界展开了激烈辩论，最终在短暂而激烈的争吵中苏军从内部自行崩溃，国家随之解体。

第三部分

俄联邦时期战略防御思想的继承与发展

苏联解体后，俄罗斯联邦作为苏联的主要继承国，经过解体后的阵痛和调整，确立了新的“现实遏制”军事战略，在新的军事思想指导下，俄军摒弃了把防御绝对化、把军事学说的防御性同战争初期作战方法完全等同的观点，强调把进攻和防御置于同等重要的地位，根据战略战役利益的需要，合理采用符合具体情况的军事行动和方法，正确处理战略进攻与战略防御之间的关系，“把统一战略企图指导下实施的、密切结合的防御战役、反攻战役和进攻战役作为战略方向上军事行动的基础”[①]，即将防御、反攻和进攻有机结合起来的战略。

从20世纪90年代开始，军事技术和武器装备水平飞速发展，作为新军事革命源头的苏联武装力量的继承者——俄联邦武装力量同样积极置身于军事变革的浪潮中，军事技术的发展使武装斗争的理论与实践都发生了明显的变化，新时期俄罗斯战略防御思想在继承和修正苏联战略防御思想的基础上，发生了深刻的变化，特别是战略性防御战役的准备、组织与实施方面，用新的观点来解决参加防御战役兵力兵器的战斗编成、展开、占领防御的方法和地点问题。进入21世纪以后，俄罗斯战略防御增添了新的内容——空天防御。完善空天防御理论和建立空天防御体系成为俄罗斯战略防御的主要任务。

---

① 中国人民解放军军事科学院外国军事研究部：《俄联邦军事基本情况》，北京：军事科学出版社，1997年版，第83页。

第七章　战略防御思想发展的继承与修正

一、继承将阵地防御和机动防御以不同方式结合使用的观点

俄军继承了苏军20世纪80年代末将阵地防御和机动防御相结合的思想，提出在战争初期战略性防御战役中，应根据战场实际情况，将阵地防御和机动防御两种样式以不同的方式结合使用。

阵地防御通常是部署在不允许丧失所防领土的方向，目的是长时间固守某些防御地区、地带和地段，以及重要的战略设施、政治行政和经济中心。其突出特点是防御阵地、地区、地域配系和火力毁伤配系均呈纵深梯次配置，并且工事坚固，军队依托这些配系能够有效地阻止敌向防区纵深突破，并能最大限度地毁伤进攻之敌。

机动防御通常适合在遭敌突然袭击、敌占较大优势和可能临时放弃设防区的方向采用，也适合在下述情况下采用：根据战场情况放弃防区时；为建立强大集团以争取时间时；对进攻之敌实施决定性毁伤时。其主要特点是扼守纵深梯次配置的防御阵地和地区，同时结合以反冲击和反突击，连续毁伤进攻之敌。

组织与实施机动防御时，军队可采用两种行动方法：一是第一梯队展开部分兵力引诱或拖住进攻之敌，第二梯队展开军队主要集团对被诱入或拖入战役口袋的敌军实施强大反突击；二是第二梯队展开主力，依次扼守数个纵深梯次配置的防御地区（阵地），使进攻之敌在对每一个地区（阵地）的争夺战中受到毁伤和消耗，以在最后防御地区粉碎进攻之敌或制止其进攻。军队转入机动防御可能是

预有准备的，也可能是被迫的。

此外，在第二梯队、集团军（军）和方面军防御地区之间，第一梯队集团军（军）或独立师（旅）可实施机动防御。实施机动防御时，每一道阵地、每一个地区（地域）都必须扼守到规定的时间或接到上级首长的命令为止，机动防御应为集团军（军）和方面军建立稳定的防御赢得时间。

二、战略性防御战役开始的方式发生变化：抗击敌空中（空中—太空）的密集突击

俄军认为，未来战争中，空中作战、电子斗争的比例将会增大，双方地面部队接触之前，激烈的火力对抗、电子对抗、心理对抗、指挥对抗将先期展开，而进入21世纪后，抗击空中—太空之敌的进攻，将是未来战争中所有对抗形式中最重要的形式之一，太空将成为未来战争的主战场。因此，现代战略性防御战役的开始方式已经不是传统意义上的抗击敌冲击，而是抗击敌空中（空中—太空）的密集袭击，这是俄罗斯战略防御思想发展史上的崭新现象。

关于战略性防御战役的开始方式发生的变化，俄罗斯军事学家很早就予以了高度关注。1992年，俄军军事科学副博士富法耶夫在《未来战争初期方面军防御战役中对敌实施火力毁伤问题》一文中提出："未来战争中，侵略者的开战方式很可能是首先实施空中进攻战役，继而视情况将其扩大为空中战局，尔后，将采取两种方式来达到其战争目的：或是投入陆军集团并广泛使用空降破坏部队，以实施地面进攻战役；或是不动用地面军队集团，而仅发出最后通牒式要求，并以有限（局部）使用核武器相威胁。"[①] 俄军和苏军研究战略防御问题的专家、退休少将、军事科学副博士B. B. 图尔琴科则认为，未来的战略性防御战役中，各军兵种依次参加战斗，将是抗击

① 富法耶夫："未来战争初期方面军防御战役中对敌实施火力毁伤问题"，载《军事思想》1992年第12期。

敌人入侵的一个突出特点：最先是防空部队、空军部队、导弹部队和海军某些部队投入行动，过一段时间（也许是相当长的时间）之后，当对方突击集团与己方接触时，才将陆军部队投入到行动中。[①]

俄军少将斯利普琴科在总结美国海湾战争的经验时，充分肯定了战争初期空中交战的重要作用，他指出："空中力量，特别是空中支援武器，确定了它们在现代战争中最重要的和不断增长的作用，它们造成了海湾战争中伊军地面损失的30%，粉碎了空战后幸存伊军进行抵抗的企图，完全打乱了伊军作战部署，可见今天的空中交战，基本上能在局部战争中决定二次战役（战争）命运。"

为此，俄军在其最新的防御条令中规定，现代条件下防御战役将分两个阶段[②]：第一阶段是抗击空中—太空之敌的密集袭击、火力对抗、包括参加首次密集火力突击、同敌空降破坏力量及游击队作斗争、阻止敌突击集团向国境线开进和展开、军队和后勤设施从敌突击下撤出、保障机动力量集团的投送和展开、采用心理斗争和对抗敌心理战措施、在敌突击下完成对防御的占领和完善、恢复指挥体系、防空体系以及部队的战斗力；第二阶段是传统意义上的防御战役，即抗击敌地面集团的进攻，对敌进行不间断的毁伤，顽强扼守所占领的阵地和地区，实施坚决的反冲击和反突击。

俄军认为，根据以往战略防御组织与实施的经验，通常以回击行动来实施首次战略性防御战役，但在现代条件下已经不现实了，因为敌军借助现代化的突击武器如实施先发制人的突击，将使防御受到严重削弱，降低防御军队的能力，从而使防御军队的回击行动收效甚微。因此，如何使防御军队先敌实施战役展开、预先在指定地带（地域）和筑垒地区占领防御，并及时做好立即抗击敌人的准备是组织与实施首次战略性防御战役的重要问题。

此外，在大量使用精确制导（特别是远程）武器的条件下，敌

① B. B. 图尔琴科："论战略性防御战役理论的发展"，载《军事思想》1992年第4、5期。

② 齐蒙、阮昆仑："俄军防御战役阶段划分浅析"，载《外国军事学术》1999年第1期，第12页。

人发起突然袭击的可能性和危险性正不断增大，如何使军队提高抗击敌人突然袭击的战斗准备程度是俄军面对的非常紧迫的问题，这些任务都是在新条件下组织与实施战略防御过程中亟需解决的。

俄军认为，未来战争的突然性因素增加，很可能不存在预先转入防御的有利条件，“不能指望进攻之敌会在国境线附近的出发地位全部展开之后才开始进攻，军团要准备在复杂的条件下，即在敌得以实施突然入侵，在己方军队尚未完成战役展开，缺少预先构筑的防御地区，不得不在战役过程中建立有组织的防御正面的条件下占领防御”。[①]

三、防御地幅的占领方式发生变化：合理性与灵活性相结合

尽管同过去一样，俄军防御编成将防御地幅分为战术地幅、战役地幅和战略地幅，[②] 但防御地幅的占领方式发生了变化。以往，防御的战术地幅通常是由集团军的第一梯队军（2—3 个师）来占领的，战役地幅则由集团军和方面军的第二梯队和预备队来占领。在新的条件下，上述原则已经过时。俄军战略防御问题专家、退休少将、军事科学副博士 B. B. 图尔琴科认为，现代防御的战术地幅必须由方面军的第一梯队集团军来占领，而不是由其部分兵力来占领。因为“只有这样才能避免把一个军团分割在两个防御地幅，才能增大防御的战术地幅纵深和提高其稳定性（这对于确保边境地带的坚固性尤为重要）”；防御的战役地幅则由方面军第二梯队集团军及其预备队来占领，这些方面军在战区军队编成中将担任战役第一梯队；

① 中国人民解放军军事科学院外国军事研究部：《俄联邦军事基本情况》，北京：军事科学出版社，1997 年版，第 94 页。

② B. B. 图尔琴科指出了划分三个地幅的重要意义：有利于较系统地、创造性地部署和梯次配置防御军队；有利于确定各级部队第一梯队和第二梯队、预备队、火器的最佳配置方案；有利于具体规定各级指挥机关扼守相应防御地幅的责任；有利于确定在最重要方向上实施机动的顺序及加强的方法；有利于在准备战略性战役时简化战役计算。

防御的战略地幅由担任战役第二梯队的方面军（集团军）来占领，必要时预备队也可在该地幅展开。

防御地区配系同样需要用新的观点来解决，在整个战区所展开的防御军队集团必须凭借防御地区作战。针对俄军中存在教条化和僵化模式的现象，B. B. 图尔琴科曾告诫道："在构筑防御地区时，一定要避免千篇一律、生搬硬套一个公式，防御地区究竟构筑多少个，防御地区究竟应距防御前沿多远，每个防御地区纵深究竟该多大等，都应该视具体情况而定。"① 防御的战术地幅内，集团军防御地带可以准备两个，也可以准备三个；防御的战役地幅内，方面军防御地区通常将准备数个；防御的战略地幅内，则可以构筑若干个战略防御地区。此外，在战区后方分界线范围内，还可以准备后方防御地区，在防御的前进地幅内，可以构筑 2—3 个防御地带。

俄军认为，主要防御地带应当是建立在直接靠近国境线附近，集团军、方面军、战略防御地区的数量及其位置，应视具体条件和地形特点而确定。至于防御保障地带同样应根据具体情况而定，"不分青红皂白，任何情况下都建立防御保障地区并不一定有利"，只有当地形不利于敌进攻时，为了迷惑敌人使其无法判明主要防御地带的真实情况，才建立防御保障地带。加强防御保障地带的方法是预先准备筑垒地域和反坦克地域。

四、提高抗击敌火力突击和对敌实施密集火力毁伤的作用

组织与实施战略性防御战役过程中，首要任务就是抗击敌首次及尔后的密集火力突击，进攻之敌将使用其远程火器对整个战略防御纵深（战术地幅、战役地幅、战略地幅）实施密集的火力突击。因此，建立防御时应提高防御的稳定性，充分考虑此问题。

① B. B. 图尔琴科："论战略性防御战役理论的发展"，载《军事思想》1992 年第 4、5 期。

为了有效地抗击突然袭击之敌的火力突击，防御军队应最大限度地利用现有各种突击兵器对敌布势整个纵深实施首次及尔后的密集火力突击。

无论是在战略防御中，还是在战略进攻中，俄罗斯军事战略都十分重视对敌实施密集的航空兵突击和导弹火力突击。它们既可以是先敌突击，也可以是回击—迎击或回击。通常，参加突击的兵力是战略导弹兵、航空兵、远程炮兵等大量兵力，在濒海方向还有舰队兵力。“突击将在战役关键时间、对敌战役布势的全纵深实施，目的是摧毁敌突击兵器、航空兵、预备队、重要的空军和海军基地、指挥所、交通枢纽等。在各次突击的间隙，可组织航空兵的轮番行动，对敌点状目标和坚固防护目标实施单个导弹突击和炮兵火力突击。”①

五、高度重视反突击的作用，必要时可实施先敌核突击

俄军战略防御理论认为，反突击是发挥战略防御积极性和坚决性的最高表现和使情况发生有利于防御军队转折的决定性因素。反突击的目的是粉碎敌主要和威胁最大的军队集团，恢复1—2个重要方向上的防御态势，为己方军队转入反攻创造有利条件。同苏联戈尔巴乔夫时期战略防御观点最大的不同是，俄军提出不仅可以实施核回击和核迎击，而且还可以实施先敌核突击。

俄军认为，确定反突击方向时应考虑到：战场实际情况和前线的位置；军队快速开进并展开的条件和能力，扼守防御地区以及在敌后进行斗争的兵团和部队的处境和状况；破坏区、放射沾染区和化学染毒危险区。最好对敌主要进攻集团实施反突击，可向该集团后方前出，突击其一侧，兵力充足时亦可突击其两翼。在使用核武

① B. A. 佐洛塔廖夫著，李效东等译：《俄罗斯军事战略史》，北京：军事科学出版社，2009年版，第540页。

器的情况下，反突击可从正面实施。在每个反突击方向，通常应根据情况的可能变化和敌可能推进的纵深规定1—2个反突击地区。

实施反突击的时机是，敌军损失很大，陷入瘫痪，战斗队形混乱，前进预备队力量消耗殆尽、受到迟滞或牵制。防御军队应保存第二梯队和预备队，坚决夺取火力优势和反突击方向的制空权。顺利实施反突击的最重要条件是准备隐蔽、实施突然，对敌火力毁伤可靠，正在开进和展开中的军队防敌航空兵和侦察—突击综合系统突击措施得力。

参加反突击的兵力。参加集团军（军）反突击的兵力有第二梯队师（旅）、合成预备队，以及第一梯队部分军队；参加方面军反突击的兵力有方面军第二梯队集团军（军）、方面军预备队，以及第一梯队集团军（军）部分兵力。此外，还应包括航空兵、火箭兵和炮兵、技术保障和后勤兵团和部队。

根据战场具体情况，方面军、集团军、军反突击可在一个或数个方向先后或同时进行。在只使用常规武器情况下，反突击可随着实施密集火力突击或短促强大的火力准备开始；在使用核武器的条件下，对敌的核突击可先于反突击实施。参加反突击的军队应行动坚决、冲击迅猛、高速度、不停顿、全力以赴向所受领任务的全纵深推进。组织与实施反突击中还要注意两点：一是采取措施破坏敌从两翼包围反突击集团的企图；二是在反突击可能转入迎击性交战的方向，先敌展开并对敌军两翼实施坚决突击具有重要意义。

本章小结

苏联解体后，作为其武装力量继承者的俄军摒弃了戈尔巴乔夫时期的“纯防御”军事战略，确立了“现实遏制”战略方针。俄军对20世纪80年代末90年代初苏军的战略防御思想予以继承和修正，包括：继承了将阵地防御和机动防御以不同形式结合使用的观点；认为抗击敌空中（空中—太空）的密集突击将是未来战略性防御战役开始的主要样式；防御地幅的占领方式要求合理性与灵活性相结合；抗击敌火力突击和对敌实施密集火力毁伤的作用大大提高；高度重视反突击的作用，强调必要时可实施先敌核突击。

第八章　战略防御思想的新内容：空天进攻防御

空天防御问题是目前俄罗斯军事学术界比较关注的问题，同时也是存在着比较大争论的问题，但对于防御的前景，俄罗斯军事学术界，尤其是俄军方基本上已形成共识。虽然现代武装斗争的特点已经完全不能和19—20世纪时的战争相提并论，但防御仍将占有重要的地位，“随着进攻一方力量的增长，防御的坚韧程度将面临最为残酷的考验……无论是过去、现在，还是将来，防御都有能力找到抵抗进攻的有效方法……未来战争中，防御和进攻在行动上将更加呈现出一体化的发展趋势”。①

发展和完善空天防御体系，是新时期俄罗斯战略防御思想的重要内容。俄军认为，进入21世纪后，仅靠单一的防空体系无法抗击敌人空天一体的袭击，只有建立空天一体的防御体系，才能有效抗击对方的空袭、太空袭击和导弹袭击。2002年11月14日召开的俄罗斯国防部部务会议，俄军高层讨论了建立俄联邦空天防御体系的纲要（草案），明确指出，空天防御体系是国家和武装力量战略防御体系的主要组成部分，是俄罗斯主要的战略遏制手段，对于保障俄罗斯的国家安全具有首要意义。

一、从战略性空天防御战役到战略性空天进攻战役

关于未来战争中战略行动的样式，俄军事学术界曾经存在着较大的争论，俄军方杂志《军事思想》上曾刊登过大量文章，不同的

---

① И. Н. 沃罗比耶夫、В. А. 吉谢列夫：“防御的前景”，载《军事思想》2006年第12期。

学者对战略行动类型的认识和看法也不尽相同，但总体上说来主要有以下两派观点：

一派是以俄军上校 А. И. 卡利斯特拉托夫的观点为代表。该观点认为，空中战役将分为空中防御和空中进攻，战略行动的类型可以分为战略性空天防御战役和战略性空天进攻战役。其中战略性空天防御战役是“武装力量各军种间的联合作战行动，是按照最高统帅部统一构想和规划而进行的，在目的、任务、时间、地点上相互关联的空中与空间防御作战的总和”。①

持上述观点的学者还详细指出了战略性空天防御战役的主要目的和参加的主要兵力兵器。其主要目的是，通过抗击敌大规模空袭，摧毁敌空中、空间、陆地和海上的空天进攻性兵力兵器，保护纵深军队集团、指挥通信中心、交通枢纽、核设施和工业能源中心等重要目标免遭敌侦察和打击，同时破坏敌在实施空天进攻过程中首次发起和随后进行的空中进攻战役，夺取制空、制天权。战略性空天防御战役的主要参战兵力兵器包括：陆军、空军、海军、航天兵、战略侦察部队和各军种电子对抗兵力兵器等。各兵力兵器使用比例为：战术和舰载航空兵力70%、战略航空兵2%—3%、空基和海基巡航导弹5%—6%、常规弹道导弹1%、保障兵力兵器（包括卫星、空中预警机、电子对抗）约20%。②

另一派观点是以俄军退休少将 И. Н. 沃罗比耶夫的观点为代表。该观点认为，未来俄联邦武装力量战略行动的最佳样式将是使用常规武器的战略性空天战役，“军事行动传统上分为进攻和防御两种类型已经不能全面地反映武装斗争性质所发生的变化，将出现防御—进攻一体化的行动”。③

---

① 凌寒：“俄罗斯调整军事战略 全力打造空天综合防御体系”，载《中国国防报》2003年2月11日。

② 译自2002—2003年俄军《红星报》（Красная звезда）、《独立军事评论》（Независимое военное обозрение）各期。

③ И. Н. 沃罗比耶夫、В. А. 吉谢列夫：“防御的前景”，载《军事思想》2006年第12期。

持该观点的学者的主要判断依据是未来大陆战区战役将是极为复杂的，将同时涵盖陆地、空中、太空、海洋以及电磁领域，并且是快速变化的大规模交战，在一些战略方向上，陆军军团与空天力量、空防军团、空降兵、特种部队和海军协同，可实施坚决的进攻，而在另一些战略方向上，集团军和方面军则必须抗击敌人重兵入侵，消灭空降的空中机动部队，巩固和扼守已夺取的地区和目标，在宽大的正面上实施防御，同时还实施反突击，随后转入反攻，因此这种军事行动将具有进攻—防御一体化作战的特征，既不会有单纯的进攻，也不会有纯粹的防御。

该观点认为，未来的防御—进攻一体化行动中，远距离对抗将是行动中的主要方法，将使进攻与防御双方“同等”地具备实施先发制人突击、还击—迎击和还击的能力，实施航空火力反准备及导弹炮兵火力反准备的意义不断提高，而以往占主导地位的近距离火力战斗将退居第二位；防御中的进攻原则应体现在提高防御的主动性和采用多样的防御类型上：阵地战战法应结合实施机动、空中机动、分散扼守、机动防御等行动。防御的主动性和进攻性同样不能削弱防御以往的根基和特点，即军队的坚韧性、顽强性及其高昂的士气。

从目前发展来看，第二派的观点逐步得到了俄军军方的认同和采纳，即未来的军事行动，尤其是空天战役中，将越来越呈现出防御—进攻一体化的发展趋势，既不会有单纯的防御行动，也不会有单纯的进攻行动，进攻与防御行动是交织在一起的。

二、发展和完善综合性空天防御体系的建设

俄军认为，未来的防御应当是综合性的：对空防御、对炮兵防御、对导弹防御、对飞机防御和对太空防御。为此，近年来，俄军积极探索和建设空天防御体系，发展和完善空天防御体系成为新时期俄罗斯战略防御思想的重要内容。

俄军所定义的空天防御体系是综合性的防御体系，是指“各种

空天防御兵力兵器按照统一企图和计划，在地面、海上、空中和太空展开的预警系统、反导系统、国土防空系统、队属防空系统和指挥控制系统的综合”。[①] 它是由各个军种和兵种共同组建的，空天防御体系的基本作战力量包括太空兵、空军、陆军和海军舰队的防空兵力兵器。负责统一指挥空天防御体系行动的战略领导部门是俄联邦武装力量总参谋部，各个战役—战略方向上的空天防御任务由军区司令员统一指挥和综合使用军区范围内的各种防空力量与导弹—太空防御力量。

俄军空天防御体系建设主要呈现出以下几个特点：

第一，俄军空天防御体系建设强调综合性的防御体系。俄军确立的完善的空天防御体系将包括：空天袭击预警系统、对敌战略性太空袭击兵器的毁伤与压制系统，包括反导导弹、歼击航空兵、防空导弹、无线电电子对抗部队、统一的指挥系统和各种保障系统。这是俄军发展空天防御体系的最终目标，目前俄军空天防御面临的突出问题就是尚未完全建立起统一的防御体系，各防御系统还是相对独立的系统，不能按照统一企图和计划在陆地、海上、空中和太空遂行任务，不足以全面遂行抗击空天袭击的任务。

第二，俄军空天防御体系建设强调进行集中统一指挥。俄军认为，未来战争中，空天防御是体系与体系之间的较量，必须综合使用各种力量才能取得防御作战的胜利，俄军在空天防御作战的指挥上强调集中统一领导下的联合作战指挥体制，并根据作战需要确定了三种指挥关系：防空和非战略反导作战指挥关系、战略反导作战

---

① 译自2002—2003年俄军《红星报》（Красная звезда）、《独立军事评论》（Независимое военное обозрение）各期。

指挥关系、联合作战指挥关系。[①]

第三，俄军空天防御体系建设强调优先发展空间预警探测系统。空天防御体系建设过程中，俄军特别重视发展空间预警探测系统，俄军在该方面投入了大量的人力和物力，积极研制试验新的空间预警探测系统，不断装备新型武器，同时将导弹袭击预警系统和空袭预警系统合编为统一的空天袭击预警系统。

第四，俄军空天防御体系建设强调突出重点地区体系建设。俄军空天防御体系建设是以围绕着首都莫斯科地区的空天防御系统（A－135 系统）建设为发展重点，俄军在改编成立新的莫斯科特种司令部基础上，确定了进一步完善首都地区空天防御体系的措施。俄军计划在继续改进现有的莫斯科战略导弹防御系统的基础上，装备最新式的“骄子”型防空导弹系统和 C－400“凯旋”型防空导弹系统，并建立其与莫斯科战略导弹防御系统的协同作战关系，从而提高莫斯科地区防空防天反导的整体作战能力。

本章小结

进入 21 世纪后，空天防御成为俄罗斯战略防御思想的新内容：一方面，俄军对战略性空天战役的内容和特点有了新的认识和理解，

---

① 防空和非战略反导作战指挥关系：日常防空作战以歼击航空兵部队、雷达部队和防空导弹部队为主，平时日常防空采取分区负责制，由防空区和防空分区负责，其组织层次一般分为三级：防空区（空防集团军、独立防空军）——防空分区（防空军、防空师）——防空部队（旅、团）。实施防空战役作战时，由战役—战略司令部统一指挥，如果涉及到多个防空区共同实施防空战役作战时，由总参某部负责统一指挥和协调。

战略反导作战指挥关系：俄军将莫斯科空防区改编为莫斯科特种司令部，统一指挥莫斯科地区的太空兵编成内的导弹—太空防御集团军及莫斯科军区的防空系统遂行反导作战，从而实现空天一体防御。莫斯科特种司令部由总参谋部直接指挥。

联合作战指挥关系：由总参谋部统一指挥空天防御体系的行动，由军区司令员统一指挥和综合使用军区范围内的各种防空力量与导弹—太空防御力量，来遂行各个战役—战略方向上的空天防御任务。（此处观点转引自：王克强、刘望安，“俄罗斯空天防御体系建设的特点及启示”，原文参见《国防大学学报（外军研究）》2004 年第 9 期，第 101—103 页。）

将“进攻与防御一体化”的战略性空天战役视为未来俄联邦武装力量战略行动的最佳样式；另一方面，俄军积极发展和完善综合性空天防御体系的建设。

第四部分

总结与思考

第九章　制约和影响俄罗斯战略防御思想发展的主要因素

俄罗斯（苏联）军事历史上，彼得大帝曾成功运用战略防御打败了当时号称欧洲最先进战术家查理二世的瑞典军队；俄军统帅库图佐夫曾以战略防御挫败了当时在欧洲攻无不克、战无不胜的拿破仑大军；国内革命战争和外国武装干涉时期，新生的苏维埃工农红军曾在察里津、彼得格勒、巴库进行过成功的战略性防御和战略退却，保卫了新生的苏维埃政权；伟大卫国战争时期，苏联红军曾先后成功组织和实施了一系列的战略防御，扭转了第二次世界大战的危局，为世界反法西斯战争的胜利作出了不可磨灭的贡献。

无数的军事历史雄辩地证明，战略防御思想是俄罗斯（苏联）军事思想中的宝贵财富，是在同强敌的高度对抗中产生和发展。它曾在众多危急的生死关头拯救了俄罗斯民族的命运，但通过前面几章的论述，我们可以认为，俄罗斯战略防御思想形成与发展的历程是曲折的、反复的、多变的，由于军事思想上过分强调绝对化和片面化，战略防御思想有时候处于完全被否定的地位，俄（苏）军事家们并没有很好地继承和发展这一宝贵的军事思想财富，甚至有时纵然是付出了沉重的血的代价都没有使俄罗斯民族对战略防御问题有一个正确的定位和准确的认识，其原因是多方面的。

俄罗斯军事理论家别利科夫曾说过：“军事战略应根据俄罗斯是一个全球性大国这一点加以制定，俄罗斯作为一个大国是由其领土面积、人口数量、自然资源、智力潜力、地缘政治环境以及民族的历史传统决定的，其在世界上的地位和在历史中的作用是命中注定的。”①

本章将全面、客观、详细地分析制约和影响俄罗斯战略防御思想发展的主要因素，总结俄（军）组织与实施战略防御的有利因素，包括自然地理因素、国家和军队的体制因素等，探讨俄罗斯战略防御思想形发展历程中出现反复、曲折的历史根源。

一、俄（苏）军组织与实施战略防御的有利因素

无论是从国防自然空间方面，还是从国家制度、军队体制等方面，俄罗斯民族的军队都具有组织与实施战略防御无可比拟的优势。军事科学院研究员吴春秋曾指出：“尽管沙皇俄国传统的军事思想是强调进攻，但历史表明，沙皇俄国最大的强点不在于进攻，而在于在本土（腹地）进行防御性作战的能力，这不是因为它强盛，而是因为它经济落后，地广人稀，交通极为不便，自然条件恶劣……敌人愈是深入俄国腹地，交通线愈长，困难也就愈多，同时外敌入侵必然激起俄国人民的强烈反抗，如果再加上指挥得当，那么入侵之敌就很难自拔。”② 本章将分别从国防空间的地缘特征、气候条件、国家制度和军事体制来分析俄罗斯组织与实施战略防御的有利因素，当然，这些有利因素都是客观的，如果没有指挥官的正确指挥，没有人民群众保家卫国的英勇抗击精神，纵然是拥有再有利的地理和气候优势，都不会取得战略防御的胜利，法国的色当、美化的马其诺防线就是典型的反面例子。

（一）地缘特征

从地缘角度来看，俄罗斯是一个陆地和海洋大国，就其领土面积、边境线长度、自然环境多样性及其丰富资源来说，它都是世界

---

① A. 别利科夫：“以军事手段保卫俄罗斯的利益”，载《军事思想》1992 年第 3 期。

② 吴春秋：《俄国军事史略（1547—1917）》，北京：知识出版社，1983 年版，第 393—394 页。

上独一无二的国家，俄罗斯领土是一个大陆性的整块的地缘政治空间结构，从西部的东欧国家起，一直延伸到东部的楚科奇海子午线，横跨亚欧大陆，75% 的领土位于亚洲，25% 的领土位于欧洲，南北宽约4000 多千米，东西长约10000 多千米，跨11 个时区，巨大的领土空间使俄罗斯拥有世界上其他国家无可比拟的发展国防能力的优势和战略纵深，它们都是增强军事潜力和国防实力的基础，在遭遇到强敌入侵时，这些有利国防空间因素可以转化为战略优势。

1812 年卫国战争中拿破仑发动进攻军队人数是 60 多万，1942 年伟大卫国战争中希特勒军队人数是 550 万，如此庞大的军队，需要大量的、充足的、及时的后勤保障，要求战线不能过于分散和太长。当他们所率的部队深入到远离国土 3000—4000 千米之远的俄国领土时，其“速决”或“闪电”战略不能奏效时，一系列的问题便出现了，包括：战线过长并且分散；伤兵太多；补给困难。而俄（苏）军正是利用了本国巨大的领土优势，为准备与实施战略防御提供了广阔的空间，最终取得了从战略防御转入战略反攻的胜利。

恩格斯早就明确指出：“俄国国内没有一旦攻下来就可以迫使它媾合的中心……这个国家道途梗阻，幅员广阔，补给来源困难，因而它几乎是无法根本征服的。”克劳塞维茨评论俄军的战略防御时，反复强调：“俄国如此之大，可以同敌军玩‘猫鼠游戏’。其对优势兵力之敌的防御思想基本上应以此为根据。”[①] 列宁在《共产主义运动“左派”幼稚病》一书中指出，苏维埃俄国“有可能坚持比较长期的国内战争，其中原因之一就是国家幅员广大”。[②]

除此之外，通过前几章的论述，我们不难发现，俄罗斯（苏联）领土上的某些战略要地经常会成为“兵家必争”之地，例如：塞瓦斯托波尔、斯摩棱斯克、莫斯科、斯大林格勒、基辅等，俄（苏）军一些重大规模的战略防御行动通常都是围绕着战略要地的争夺展

---

① 转引自克劳塞维茨：《1812 年》，第 84 页、第 110 页。

② 转引自 И. А. 格鲁季宁著，军事科学院外军部翻译组译：《苏联对军事哲学的研究》，北京：中国对外翻译出版公司，1982 年版，第 48 页，原文参见：《列宁全集》，第 31 卷，第 46 页。

开的。例如：塞瓦斯托波尔是俄（苏）军波罗的海舰队的所在地，1854 年克里米亚战争期间和 1941 年伟大卫国战争期间俄（军）曾先后在此组织与实施了由陆海军协同作战的、大规模的、长期的防御行动；斯摩棱斯克是俄国西部边界掩护通往莫斯科必经之路的重要要塞，早在 17 世纪波兰瑞典对俄国武装干涉时期俄军就曾在此实施过大规模的防御行动，伟大卫国战争中苏军也曾在斯摩棱斯克组织与实施了大规模的军事行动；作为国家政治中心和经济中心的莫斯科，其战略地位之重要性更毋庸置疑，拿破仑曾宣称：“占领莫斯科，我就刺破了它（俄国）的心脏。”① 最终拿破仑和希特勒的战略进攻都在莫斯科遭受了战略性的失败，而俄（苏）取得胜利的保证依靠的正是巧妙组织与实施的战略防御。

（二）气候条件

俄罗斯民族抵抗外敌入侵时，“气候条件使俄罗斯民族的国防能力变得异常复杂，过去的战争中，俄罗斯的气候曾多次拯救这个伟大的民族”。② 1812 年卫国战争和 1941 年伟大卫国战争中，俄罗斯民族的敌人都是在非常不利的严冬条件下被迫作战的，拿破仑、希特勒进攻莫斯科失败的共同原因之一就是对严寒的天气条件估计不足，企盼速胜的计划完全落空，从而为俄（苏）军队由战略防御转入战略进攻创造了可能。

从地理和气候因素上看，俄罗斯欧洲地区绝大部分处于温带，北极圈（北纬 66 度 30 分）属于寒带，不便于展开作战行动。俄罗斯大部分地区冬季比较漫长，异常寒冷和干燥，夏季比较短促，气候温暖，最典型的气候特征就是冬季和夏季的温差比较大，非常不利于持久作战，据相关统计，1 月平均气温一般在 0℃ - 20℃之间，7 月的平均气温在 12℃—28℃之间，夏冬两季的温差在 12℃—48℃左右。

---

① 转引自别斯克罗夫内：《1812 年卫国战争和库图佐夫的反攻》，第 23 页。

② Н. Я. 雷苏辛：“俄罗斯国防空间的自然地缘特征”，载《军事思想》2005 年第 12 期。

城市	1月平均气温	7月平均气温
莫斯科	-10.8℃	18℃
列宁格勒	-8℃	17℃—18℃
摩尔曼斯克	-9.5℃	10℃—12℃
卡累利阿	-12℃	16℃—17℃
基辅	-2.5℃—-7℃	17℃
斯维德洛夫斯克	-6℃	18℃—24℃
爱沙尼亚	-16.3℃	17.2℃

资料来源：中国人民解放军军事科学院科研指导部编：《战后苏联军事思想的演变》资料汇编（1982年6月8日）。

历史总是有惊人的巧合之处：1812年6月23日夜间，拿破仑率领的法军渡过涅曼河，突然侵入俄国境内，随即大举进攻；1941年6月22日凌晨4时，希特勒纳粹德军向苏联发动了“闪电战”进攻。拿破仑和希特勒选择进攻的时间几乎是同一天，只不过一个是1812年，一个是1941年。6月的北半球刚刚进入炎热的夏季，而当法军和德军经过遥远的俄国北方领土，再加上一路的战役阻隔，抵达莫斯科等重要城市的时候，已经是9月了，天气已然变冷，寒冬将至。巨大的温差对于习惯在温带作战的法军和德军无疑是重大的打击，大量士兵被冻死、饿死或病死，丧失了作战能力和机动能力，而此时早已习惯严寒天气的俄军和苏军却如鱼得水，利用严冬，坚壁清野，为成功准备与实施战略防御奠定了基础。这里做个大胆的假设，如果拿破仑和希特勒是从3—4月发起进攻，那么法军和德军抵达俄罗斯腹地重要城市的时间就会在6—7月，此时气候对法军和德军的作战就变得十分有利。

因此，对严寒气候的估计不足，选择错误的发起进攻时间，是拿破仑与希特勒入侵俄国失败的共同原因，而气候对俄（苏）军来说，便是转入持久、连续的战略防御行动的有利因素。

（三）国家制度和军队体制

俄（军）组织与实施战略防御过程中，其国家制度和军队体制产生了重要的影响，这种影响既有正面的，也有负面的。

沙皇俄国时期，军事思想是极不统一的，军事理论脱离实际，反对观点常常在军事科学中占统治地位，H. B. 米赫涅维奇、A. A. 涅兹纳莫夫等俄国军事理论家即使做出的正确的理论阐释，其观点也不为人所接受，其主要原因在于沙皇制度的保守、落后和腐朽，严重阻碍了军事科学的发展。为此，列宁曾评价道："沙皇制度成为符合最新要求的现代军事组织的障碍，而军事却是沙皇制度一向全神贯注的……事业。"① 1904—1905 年的俄日战争中，俄军组织与实施战略防御的一系列失利将俄国沙皇制度的落后、腐朽暴露无遗。

正面的案例则是在苏联时期，特别是在抗击德国法西斯的卫国战争期间。斯大林总结苏联伟大卫国战争中取得胜利的经验时，指出："首先，我们的胜利说明：获得胜利的是我们苏维埃社会制度，苏维埃社会制度在战火中胜利地经受住了考验，并证明它具有充分的生命力……。第二，我们的胜利说明：获得胜利的是我们的苏维埃国家制度，我们多民族的苏维埃国家经受住了战争的一切考验，证明它是有生命力的。第三，我们的胜利说明：获得胜利的是苏维埃的武装力量，是我们的红军，它以英雄的气概经受住了战争的一切艰难困苦，彻底粉碎了敌人的军队，赢得了战争的胜利。"② 苏联社会主义模式下高度集中的政治经济体制和军队体制能保证苏军在不利的条件下举全国之力来抵抗外来侵略之敌，"一切为了前线"，战争开始后的 8 天时间内，全苏即征召了 530 万人，这与苏联平时的兵役制度和动员准备是分不开的，也是社会主义制度优越性的具体体现。此外，苏联强大的、高度集中的军工生产能力保证将越来越多的武器装备投入到战场上去，苏军的坦克产量曾令德军目瞪口呆，希特勒曾惊叹道："一个原始民族，怎能在如此短的时间内就取得了这样的成就！"③

---

① 中国人民解放军军事科学院：《列宁斯大林军事文选》，1962 年版，第 13 页。

② 转引自《斯大林选集》（下卷），1986 年版，第 491—492 页。

③ 王渔舟："真是严寒挽救了苏联吗？（上、下）"，载《军事史林》2004 年第 6、7 期。

（四）人民群众、爱国主义与战斗精神

俄罗斯战略防御思想发展史上，人民群众、爱国主义与战斗精神对战略防御成功组织与实施发挥了决定性的作用，尤其是在俄罗斯民族面对强大的外敌入侵时，人民群众的爱国主义和战斗精神迸发出了无比强大的能力和潜力，纵然是在特别困难、特别艰苦的条件下，都帮助俄（苏）军取得了防御的胜利，比较有代表防御行动案例是克里米亚战争期间俄军的塞瓦斯托波尔英勇防御、伟大卫国战争期间苏军持续了近900个日日夜夜的列宁格勒防御。

列宁在揭示人民群众在战场上的决定性作用时，曾经提出了一个经典的公式，他说："在任何战争中，胜利归根到底是由那些在战场上流血的群众的精神状态决定的……谁的后背多，谁的兵源多，谁的群众基础厚而能更长久地支持下去，谁就能在战争中取得胜利。"①

美国人道格拉斯·默里、保罗·维奥蒂主编的《各国防务政策之比较研究》一书中指出："苏联政治制度的独裁主义特点十分明显，公众舆论对于苏联国家内外政策的制定不产生任何直接作用，但居民对防务问题的普遍观点也并不是无足轻重的，各种证据表明，俄罗斯人是一个真诚地献身于保卫祖国、有强烈爱国主义精神的民族，不管对苏联当局推行的国内政策持什么样的看法，绝大多数苏联人民对苏维埃国家的政治、经济和军事成就感到自豪，并准备在保卫俄罗斯祖国的名义下不问是非地支持克里姆林宫。"② 虽然作者的观点带有浓厚的政治意识形态色彩，但他对俄罗斯人爱国主义精神的评价却是客观公正的。

此外，伟大卫国战争期间，苏军的党政工作曾发挥了积极的作用，政工人员在培养部队的战斗精神方面作出了杰出的贡献，尤其是在抗击外敌入侵的战略防御时期。为此，苏联前总参军事学院院

---

① 中国人民解放军军事科学院：《列宁军事文集》，中国人民解放军战士出版社，1980年版，第650页。

② 道格拉斯·默里、保罗·维奥蒂著：《各国防务政策之比较研究》，北京：军事科学出版社，1985年版，第34—35页。

长M. 科兹洛夫大将曾高度评价道："具体而有针对性的党政工作，对建立不可克服的防御，起了不可估量的作用，党政工作的目的是提高全体人员的士气，培养对敌人的仇恨，消除对坦克和飞机的恐惧症。"[①] Л. И. 勃列日涅夫在《小地》一书中写道："如果考虑到士气永远被视为保持部队稳定的最重要因素，那么在战争年代，最锐利的武器恰好交给了政工人员，他们锤炼战士的心灵，没有这一点，无论是坦克、大炮还是飞机，都不能给我们带来胜利。"尽管目前的俄罗斯武装力量中已经取消了共产党代表"政治委员"的设置，但我们应当客观评价其在抗击外敌入侵的战略防御中所发挥的作用。

二、战略目标与武装力量战略行动类型的选择

俄罗斯战略防御思想的演变，反映了俄罗斯（苏联）军事理论对战略防御问题的观点和看法，是同对俄罗斯民族所处战略格局的判断、军事战略目标与方针紧密联系的。我们以苏联时期战略防御思想的演变为例，作具体详细的分析：

（一）国内战争和外国武装干涉时期

新生的苏维埃共和国处于各个战线的火力包围中，外国武装干涉者和白匪军依仗其兵力兵器优势，企图将革命的胜利扼杀在摇篮中。年轻的苏维埃工农红军为了保卫苏维埃政权制定和实施了目的明确、行动坚决的军事战略，但由于当时红军人力物力的限制，不可能同时在几个战线上都广泛地实施目的坚决的战略进攻。苏维埃工农红军正确地处理好战略防御与战略进攻的关系，在国内战争中既顺利地实施了战略进攻，又成功地组织与实施了战略防御。

（二）两次世界大战之间时期

苏联武装力量的军事实力不断壮大，军事战略明确树立了积极进攻的作战思想，主张以积极进攻的方法来达成政治目的和完成战略任务，

---

① M. 科兹洛夫："伟大卫国战争中组织与实施战略防御的经验"，载《军事历史》1980年第12期。

提出了“将敌歼灭于敌国领土”的方针，在此军事方针的指导下，苏军规定了战略进攻是最基本的、决定性的战略行动类型。同时，军事技术上的发展使苏军认为已具备实施高速度、大纵深的战役进攻能力，于是苏军认为，与进攻相比，防御只是临时性的作战样式，只起“从属作用”，当时对战略范围内的防御完全忽视或根本否定。

（三）战后斯大林时期

以美国为首的西方国家推行实力政策，在苏联及其他社会主义国家建立了大量的军事基地，苏军在认真总结伟大卫国战争的经验与教训的基础上，制定了“加强积极防御，防止敌人入侵”的战略方针，它是以巩固伟大卫国战争胜利果实和保卫社会主义国家人民的和平劳动为目的，在此战略目标要求下，战略手段的选择必定是以战略防御和战略进攻相结合。

（四）赫鲁晓夫时期

苏共领导人认为，苏军已经打破了“资本主义的包围”，经济发展速度上取得了领先地位，军事技术特别是核武器方面取得了突破性的进展，其军事战略由以前的“积极防御战略”改为“火箭核战略”。苏军当时认为，世界社会主义和资本主义两大体系之间如果爆发战争，不可避免地将是火箭核战争，双方使用的主要杀伤手段是核武器，核武器将首先决定军队发展和建设的方向，火箭核战争将是速决的，上述观点在苏联军事学术界几乎形成了“统一的共识”①，苏军战略目标是先发制人，突然袭击，以战略核武器向对方

---

① 苏军Г. А. 普谢尼亚克空军少将在1963年出版的教材《战争初期》中指出：“强大的现代化武器，首先是火箭核武器，只要使用得当，就能在短期内，甚至是在几个小时内将整个国家从地球上消灭掉，因此，我们的立足点应当在尽可能短的时间内迅速坚决地消灭敌人，夺取战争的胜利。”苏军总参谋长В. Д. 索科洛夫斯基元帅1964年在《新阶段的军事学术》中指出：“在新的世界战争中，如果美帝国主义者发动它的话，时间对于胜利具有决定性的意义，过去需要用几个月和几年的时间才能完成的任务，在火箭核战争中几分钟、几小时、几天就可以完成，可以得出一个不容争辩的结论，即热核战争不可能是长期的。因此，我们认为，必须首先做好打短期战争的准备。”（原文参见：王方仁：《战后苏联军事学术观点的几点变化》，载《外国军事学术》1981年第10期，第12页。）

实施毁灭性打击，力争在战争初期达到主要政治目的和战略目的，苏军认为战略防御在现代战争中是一种不容采取的战略行动，应当坚决摒弃，战略防御思想被彻底否定。

（五）勃列日涅夫时期

苏军对核武器的作用有了比较接近实际的看法，当时的国际形势决定了苏联面临着两线作战和多线作战的可能，要求苏联的军事理论必须重视战略防御问题。在当时的情况下，最合理的选择是在一线实施战略进攻，在另一线实施战略防御。同时，苏军还面临着持久作战的可能性，当时苏联的军事理论认为，未来战争是世界两大军事联盟之间的决定性冲突，作战双方都拥有巨大的经济、军事潜力，未来战争的性质将是旷日持久的，军事行动可能发展不平衡，在这种情况下，军队可能被迫或预有准备地转入战略防御，在战争准备上，苏军应既准备打核战争，也准备打常规战争，就连曾为赫鲁晓夫“火箭核战略”摇旗呐喊的苏军前总参谋长 В. Д. 索科洛夫斯基在《战略》的第三版中也改变了以前的观点[①]，战略防御的地位和作用又重新获得了肯定。

（六）戈尔巴乔夫时期

苏联根据国际形势的变化和国内现状，提出了“政治新思维”，在军队建设上，强调服从经济建设大局，按照“合理足够”的原则建设军队，在军事战略上，提出了“纯防御战略”，宣称防御是苏军的基本行动方法，主张将军事行动限制在本方领土上，目的仅在于

---

① В. Д. 索科洛夫斯基元帅主编的《战略》1968 年第三版中指出：“火箭核武器和其他武器的巨大威力使得能在较短的时间内达到战争的目的……但是，战争也可能拖延下去，那时将要求军队和人民作长时期和最大的努力，因此还应当做好进行持久战争的准备，并为此准备好人力和物力资源。”由 1979 年苏军总参谋长奥尔加科夫元帅主编的《苏联军事百科全书》第八卷中说：“在使用现代杀伤武器的条件下，世界核大战将是比较短暂的，然而，考虑到各交战国联盟巨大的军事、经济潜力，世界核大战也可能是持久的，苏联军事战略的出发点是如果将核战争强加给苏联，苏联人民及其武装力量必须经受最严酷最长期的考验。”（В. Д. 索科洛夫斯基：《战略》，1968 年版，第 86 页。）

不丧失国土、粉碎入侵的敌军集团，并公开作出“三不承诺”，武装力量保持在“除了保证自卫外，没有力量对另一方发动突然进攻”的水平上。在上述思想的指导下，苏军这种“自废武功”式的战略方针将战略防御完全地、过度地肯定也就不难理解。

三、外来军事理论的介入与民族军事理论的创新

目前，我国国内有学者将世界上的军事思想体系划分为两大类：普鲁士军事思想体系和盎格鲁—萨克逊军事思想体系。前者的代表国家是德国、俄罗斯，其主要特点是设立权力高度集中的总参谋部；后者的代表国家是美国、韩国等，其主要特点是拥有权力相对分散的参谋长联席会议。从军事思想发展史上来说，俄罗斯军事思想同普鲁士军事思想有着很大的历史渊源，其中包括普鲁士军事思想对俄国军事战略防御思想的形成与发展产生的重要影响。苏维埃政权建立初期，武装力量建设对当时的红军完全是一个新挑战，需要借鉴来自各个方面的经验和知识，包括资本主义国家的。列宁曾说过：“没有科学，就不可能建立起现代化的军队……应当从资本主义那里借鉴全部科学、技术、知识和艺术。”① 20 世纪 20 年代中期到 30 年代，以 M. B. 伏龙芝、A. A. 斯韦钦为代表的苏联军事家提出的“消耗战略”概念并不是他们自己总结创造的，消耗战略最早是由 19 世纪普鲁士军事历史学家和军事理论家德尔布吕克总结提出的，他指出：“歼灭战略只有一招，那就是会战，而消耗战略却有两招，那就是会战与谋略。”② 而 A. A. 斯韦钦则是德尔布吕克的忠实信徒，德尔布吕克的军事思想对 A. A. 斯韦钦的影响特别大。另外一个对俄罗斯战略防御思想产生重要影响的普鲁士人是卡尔·冯·克劳塞维茨，他曾在俄国参谋部任职，领中校军衔，后任俄军参谋长等职，当 1812 年拿破仑进攻俄国时，他曾亲自参加过斯摩棱斯克保卫战和

① Ленин В. И. Полн. собр. соч.，т，40，с. 183.

② 转引自利德尔·哈特：《剑与笔》（英文版），1976 年版，第 193 页。

库图佐夫指挥的博罗季诺会战等。他在《战争论》中阐述的“防御比进攻优越”的思想曾在俄罗斯军事思想史上引起高度关注。

从历史上看，俄罗斯战略防御思想既是独立发展的，又没有局限在本国范围内，而是善于利用外国军队的先进经验。18 世纪初期，彼得大帝率先摈弃了当时欧洲最为流行的机动战略和警戒线战略，采取了积极进攻的战略，但当遇到查理十二世率领的瑞典军队时，他又成功地运用战略防御思想，打败了当时号称最卓越的战术家。19 世纪初，俄国统帅库图佐夫将俄国战略提高到一个新的更高的水平，按照总的战略企图巧妙地采用各种战斗行动，巧妙地指挥军队，建立并正确使用战略预备队是库图佐夫战略防御思想的重要特点，令当时俄国军事理论水平超过了以拿破仑为首的“一次性总决战”理论。

苏联时期，北约军队特别是美军对机动防御的重视，对苏军机动防御的认识和理论产生了较大的影响。早在美军 1954 年陆军《作战纲要》中首次提出机动防御伊始，苏联军事学术界就予以了高度关注。布奇甫琴科在 1957 年第 1 期《军事思想》杂志上发表了题为《论现代条件下军队防御的稳定性》。作者详细分析了原子武器出现以后，美军阵地防御和机动防御的新发展：改善阵地防御的方法是制定和实现军队对原子防护的措施，提高机动防御稳定性的措施是加强工程构筑、火力毁伤以及实施反冲击和反突击，机动防御的实质在于最大限度地发挥防御的积极性，以进攻性的行动实施防御。美军认为，无论是核战争，还是常规战争，机动防御都是美军重要的防御类型，美军的机动防御思想，即“将进攻之敌诱入火袋或作战口袋并粉碎之”，具有明显的攻势意义。美军的机动防御理论及其在战后局部战争中经验，对 20 世纪 80 年代末苏军机动防御的重新回归与肯定起到了重要的促进作用。

最后需要指出一点，俄罗斯的战略防御思想同中国古代军事家孙子的军事思想有几分相似之处，俄罗斯联邦国防部第一副部长 A. A. 科科申认为：“1700 年俄军在查理十二世的瑞典军队在纳尔瓦城下交战失败后，彼得大帝的战略行动就与孙子思想颇为相似，结果在 1709 年的波尔塔瓦会战中取得了重大战略胜利；1812 年库图佐夫抗击拿破仑的战略，以及诸如斯韦钦、涅兹纳莫夫、韦尔霍夫斯基等俄罗斯和苏联 20 世纪的军事理论家的思想与孙子的思想也很接近。”[①] 从历史上看，孙子强调的积极防御思想要比俄罗斯战略防御思想的鼻祖——彼得一世在波尔塔瓦会战中运用的防御思想要早上两千多年。

四、军事同政治的混淆与理论探索的意识形态化

用政治概念代替军事概念以及处理军事问题的思想意识形态化，是俄罗斯（苏联）处理战略防御问题的重大失误。军事理论具有自身的发展原则和客观规律，必须根据武装斗争的特点和规律制定相应的战略行动类型，从而决定采用战略进攻还是战略防御，并不能以政治上或思想意识形态上的“进攻和防御”的概念来代替军事理论上的“进攻和防御”概念，苏联军事学家 A. A. 斯韦钦有句名言：“承认政治对战略的主导地位，具有世界历史性质……当然，战略试图摆脱不高明政治的束缚，但战略也不可能在没有政治的真空中存在，它注定要为政治的错误付出代价。”[②]

20 世纪 30 年代伟大卫国战争前夕苏军正是在这个问题上犯了致命的错误，才导致战争初期被迫仓卒转入战略防御，造成了数百万人丢失了性命，巨大的物质损失和难以恢复的文化损失更是无法估量。虽然苏联军事科学界曾提出要运用马克思恩格斯军事理论辩证地研究军事问题，提出现代条件下进行战争的艺术在于掌握一切作战方法和样式，合理地运用，但搞抽象的政治和意识形态化还是对苏联时期的军事理论研究与军事实践产生了负面的影响，尤其是在

① A. A. 科科申著，王吉良等译：《战略领导论》，北京：军事谊文出版社，2005 年版，第 263 页。

② A. A. 科科申著，王吉良等译：《战略领导论》，北京：军事谊文出版社，2005 年版，第 45 页。

伟大卫国战争爆发前的一段时期内。1941 年 6 月 22 日，斯大林在总参谋部关于军队进入战斗准备的指示中补充了这样一句话："不要采取可能引起政治麻烦的任何行动。"最高领导人的指示使军队迷失了方向，如果连最高统帅本人都不知道国家是否已进入战争，那么军队指挥官怎么能在考虑他不懂的政治后果的情况下进行战斗呢？

2000 年 4 月 28 日，俄罗斯《独立军事评论》（Независимое военное обозрение）上刊发了时任俄国防部第一副部长、俄军总参谋长 A. B. 克瓦什宁大将和军事科学院院长 M. A. 加列耶夫大将为纪念伟大卫国战争胜利 55 周年而作的题为《苏联在卫国战争指导上的七个教训》文章，其中总结的第一条教训就是"军事政治活动与军事战略活动不协调一致"。两位作者指出，伟大卫国战争爆发前，苏联军队部署到西白俄罗斯和西乌克兰就已出现了严重的问题。1940 年初，铁木辛哥和沙彼什尼科夫试图说服斯大林不宜立即把西部军区的主力部队调到新并入苏联的那些地区，因为那些地区尚未做好防御和驻扎军队的准备，他们建议在新合并的西部领土上只部署一部分红军部队作为掩护梯队，而红军的主要兵力则应在原地驻守，以便在沿原国境线预设防御地带与侵略者进行主要的交战。但是，斯大林却认为这种建议是"军人的政治轻率"，他宣称，如果我们只在新领土上部署一部分兵力，那么当地居民就会认为苏联政权是临时的，并且会犯罪般地把这大片的国土拱手让给侵略者。战争的进程表明，斯大林将政治概念强加给军事的后果是苏联不得不将更多的国土、资源以及不计其数的无辜生命都送给了敌人。[①]

纵然是在伟大卫国战争中付出了沉重的血的代价之后，苏军仍未走出政治戴帽的怪圈，军事研究与理论探索意识形态的倾向仍十分严重，军事学家们依旧极力回避战前在处理战略防御与战略进攻问题上的深刻教训。苏军中将克拉什尼科夫在其总结伟大卫国战争经验与教训的题为《战略进攻与战略防御》的文章中坚持宣称：

---

① 于淑杰译，李效东校：《苏联在卫国战争指导上的七个教训》，载《外国军事学术》2000 年第 8 期。

"有什么样的政治路线，就有什么样的战略……苏联在战前的政策是酷爱和平的政策，在战争中，当需要保卫社会主义革命果实的时候，就成为极坚决、积极的政策了，这种政策决定了我国战略的进攻性质。"① "政治除了给战略规定总方针和一般性质外，还给军队规定在战争该阶段于这一或那一战略战线或战区的作战目的，而达成目的的方法，则有赖于既定目的的性质，就是说采取战略进攻还是战略防御。如果政治给军队规定了坚决的目的，那么军队就要采取战略进攻，因为只有采取大规模的进攻行动才能达成这种目的。"②

赫鲁晓夫时期，苏联对军事战略与政治关系的观点陷入到另一个怪圈当中，即完全否定了战争与政治的关系；认为战争已经不再是政治的简单继续，战争不再是政治的工具；宣扬政治毁灭一切；过分夸大核武器的作用，积极进行核讹诈，处处鼓吹战略进攻，苏军少将塔林斯基在 1962 年《国际生活》第 4 期中撰文宣称："战争在今天将带来这样惨重的破坏，以致它不可能也不应再像几千年来那样是政治的工具。"③

俄罗斯（苏联）在处理军事与政治上的教训是深刻而又惨痛的，我们可以从中得出几点结论和启示：

第一，纯政治是不存在的。政治必须与保障国家安全的各种因素（政治、外交、经济、意识形态、情报和国防）有机结合起来才具有生命力。虽然作出最终决定的是政治领导人，但军事部门、总参谋部必须积极就政策中的军事战略问题提出建议。

第二，在判断新的战争性质时，不能从时髦的意识形态、僵化的模式和抽象的原则出发，不能将政治上的帽子"生搬硬套"到军事上，要将政治概念和军事概念区分对待，善于透视战争所具有的

---

① С. Красильников: Стратегическое наступление и стратегическая оборона. « Военная мысль », 1957, №12, стр. 20 ~ 31.

② С. Красильников : Стратегическое наступление и стратегическая оборона. « Военная мысль », 1957, №12, стр. 20 ~ 31.

③ 中国人民解放军军事科学院科研指导部编：《战后苏联军事思想的演变》资料汇编，1982 年版，第 4 页。

新特征。

第三，战略防御与战役战斗的进攻、战略消耗与战役战斗的歼灭、战略防御与战略进攻、战略消耗与战略歼灭，它们之间的关系都是辩证统一的，可以相互转化。军事理论上片面地追求极端化、绝对化，对军事战略的制定、军队作战和建设都是十分有害的。

五、军事统帅（政治领袖）的个人思维和意志

马克思主义关于个人在历史中的地位和作用的原理，同样适用于军事战略问题。战争的胜负、军事思想的发展往往同作为战争指导者的军事统帅（政治领袖）有直接的联系，将帅个人的才能、品质、意志、作风、思维对军事思想的发展经常产生直接的影响。列宁曾经讲过："历史上任何一个阶级，如果不推举出自己的善于组织运动和领导运动的政治领袖和先进代表，就不可能取得统治地位。"①

军事统帅（政治领袖）的个人思维和意志对俄罗斯（苏联）战略防御思想的演变起到了决定性的作用，政治领袖和军事统帅的主观意念常常代替科学研究的结论，这在俄罗斯军事历史上是经常现象。

1912 年的俄国时期，沙皇尼古拉二世曾下令禁止关于"军事学说"的一切讨论，声称："军事学说就在于执行我的一切命令。"②苏联时期，由于政治制度中的权力过度集中，长期存在对领袖的个人崇拜和领袖的专断，对战略防御思想的发展形成了沉重的桎梏。斯大林对希特勒德国入侵苏联的时间判断上出现错误，在战前战争准备上完全忽视战略防御；赫鲁晓夫过分强调火箭核武器的绝对作用，鼓吹核进攻战略，完全否定了战略防御；戈尔巴乔夫宣扬"政治上的新思维"，并将其扩展到军事领域，提出了纯防御性的战略方针，公开做出"三不承诺"，将战略防御的地位提高到了前所未有的

① Ленин В. И. Полн. собр. соч. , т，4，с. 345.

② 转引自罗斯图诺夫主编：《第一次世界大战史》，第 1 卷，第 184 页。

高度，追求绝对的极端化。

（一）个人崇拜与战略问题的垄断

20世纪20年代后期，苏联军事界对斯大林的个人迷信思想严重，“对军事上所有的新东西都要拿斯大林的某个观点去硬套”，“引证（斯大林的语录）代替了科学研究的结论”，[①] 在个人崇拜盛行的情况下，各种期刊开始连篇累牍地刊登全面歌颂领袖的英明及其对战争和各种军事问题观点的文章，斯大林关于军事理论问题的论述，成了“实际作战指挥和马克思主义军事思想的经典范本，是几代红军指挥员都应当学习的”。

军事统帅（政治领袖）的个人思维和意识就代表了军事科学研究，唯心主义的思想严重阻碍了苏联军事理论的发展，这种不良倾向在军事战略领域引起的后果更为严重：“当时确信，战略领域直接取决于国家的最高政治领导，属于‘天才统帅’的特权范围。”除斯大林外，任何人都无权过问战略问题[②]，导致的直接后果是苏联军事学术界从1926年到1963年没有一部关于军事战略的著作问世。A. A. 斯韦钦的《战略》是苏联第一部军事战略方面的著作，B. Д. 索科洛夫斯基《战略》则是继前者近40年后苏联学术界的第二部关于军事战略著作。

斯大林的固执和独断专行使苏联红军在战争初期吃尽了苦头。1941年5月，通过分析判断德军的行动，Г. К. 朱可夫已判断到苏德大战即将开始，及时向苏军各部门和各级集团军发出预警：“整个3月和4月，德军统帅部一直紧张地把部队从西线和德国中部地区调到邻接苏联边界地区。”但斯大林当时为了争取更长时间，进行充分战争准备，面对各方情报，始终没有采取任何战略防御行动。1941年，Г. К. 朱可夫根据苏军的抵抗能力，分析德军突击态势，预见到德军即将吞并基辅地区，进而向莫斯科进攻，建议斯大林放弃基辅，

① 转引自M. B. 斯米尔诺夫等：《论苏联军事科学》，1964年版，第204页。

② M. B. 斯米尔诺夫等：《论苏联军事科学》，1964年版，第207页。

并把西南方面军整个右翼部队撤到第聂伯河东岸，斯大林没有采取该建议，反而解除了Г. К. 朱可夫的总参谋长职务，最终导致60多万人被俘，葬送了整个基辅集团军。

A. A. 斯韦钦在论述政治家与军事战略关系时，多次强调指出："政治高于军事战略，国家最高统帅具有参与定下战略战役决心的权利，但政治决心应该与战略和军事实力相适应，政治家应该极其认真地听取军事专家的意见，懂得军事机器和国家军事动员机制的运转情况。"①

无数的战争经验表明，把战斗行动的基本类型——进攻与防御相结合，是武装斗争的客观规律，忽视这一点，是十分危险的。如果军事统帅（政治领袖）在这个问题上犯了错误，那么带来的后果和危害是巨大的，俄罗斯军事历史上的教训是深刻而又惨痛的。索科洛夫斯基在其主编的《战略》中提到的一段话比较有代表性和针对性，相当富有哲理："在人类社会的历史上，没有一个阶级是在没有善于组织和指导运动的领导者的情况下建立自己的统治的，同样也没有哪一支军队是在没有一定的组织、没有经验丰富的军事首长的指挥的情况下战胜了有丰富经验的军事家领导的军队；但是统帅的意志和活动不是绝对的，统帅只有不脱离人民群众，不使自己的权威与军队的全体成员对立起来，而是把它们紧密地结合起来，才能发挥作用。"②

（二）大规模清洗运动与战略防御思想的封杀

20世纪20年代，是俄罗斯（苏联）军事思想史上重要的发展时期，该时期苏联的军事理论研究取得了辉煌的成绩：苏联军事理论界经过讨论，正式将军事学术划分为三个层级——战略、战役法和战术；M. B. 伏龙芝在科学分析未来战争性质和特点的基础上，

---

① A. A. 科科申著，王吉良等译：《战略领导论》，北京：军事谊文出版社，2005年版，第46页。

② B. Д. 索科洛夫斯基著，中国人民解放军军事科学院译：《军事战略》，北京：战士出版社，1980年版，第740—744页。

提出建立“统一的军事学说”，对国家的战争准备、训练、作战等提出了一系列新的理论观点；M. H. 图哈切夫斯基提出的大纵深战役理论的基本原则对大纵深战役理论的产生和发展起到了重要作用；A. A. 斯韦钦根据深入的历史分析，准确地预测了未来战争的性质与进程，将“消耗战略”概念提高到重要的地位。

但到了20年代末期，斯大林发动的大规模清洗运动席卷军事系统，其时间之长、规模之大、范围之广、影响之深都是空前的、骇人听闻的。大清洗令正处于“黄金时期”苏联军事思想的发展戛然而止，苏联一大批杰出的军事将领、军事理论家遭到无辜的清洗，致使苏联军事战略理论的发展受到了严重的“左”思潮的影响，正常的学术讨论为政治性批判所代替。根据苏联解体后公开解密的材料显示，“从1937年到1938年，苏联军队中被清洗的军官约3.5万人。苏联5名元帅中有3名，15名集团军司令中有13名，85名军长级干部中有57名，195名师长级干部中有110名，406名旅长级干部中有220名，国防人民委员会有11名成员，以及最高军事委员会80名委员中有75名都被清洗了，到了1938年，苏联红军师以上的高级干部，只剩下39%还留在原职”[①]。

沙皇俄国军官出身的军事理论家A. A. 斯韦钦对未来战争性质、进程和作战方法都做出了准确的判断，它及时填补了当时苏联战略防御理论研究的空白，对于当时即将爆发的第二次世界大战具有重要的指导意义，但令人遗憾的是，他的研究在当时政治挂帅的苏联军事科学界并没有得到肯定，反而遭到了所谓“红色军事理论家们”的猛烈批判和指责。在大规模清洗运动中，旧俄国军官出身的A. A. 斯韦钦教授最终难逃被杀戮的命运，他的《战略》从此被列为禁书，书中所阐述的战略防御思想完全被排斥到所谓“正统的、官方的”苏联军事理论之外。

俄联邦前国防部副部长A. A. 科科申这样评价A. A. 斯韦钦的研

① 吴志荣：“被清洗的苏联将帅们”，载《军事史林》2004年第3期，第38页。

究："忽视它的理论让我们国家付出了相当沉重的代价，导致了在1941—1945年战争中数百万人丢失了生命，造成了巨大的物质损失和难以恢复的文化损失。"这么优秀的重要理论研究曾被苏联封杀长达60多年，直到苏联解体近十年后才重新回归到俄罗斯军事思想界，这不得不引起人们的深刻反思。

六、军事技术与战略防御

（一）军事技术与战略防御的发展

军事发展的辩证法证明，新式武器和军事技术的发展及其装备到军队，必然导致军事活动、军队组织编制、作战方式方法、军事学术发展的质变，军事技术和武器装备的发展水平影响着武装力量的作战能力，作战能力又直接影响军事行动的性质和作战方法。恩格斯曾说："一旦技术上的进步可以用于军事目的并且已经用于军事目的，它们便立刻几乎强制地，而且往往是违反指挥官的意志而引起作战方式上的改变甚至变革。"①

俄罗斯战略防御思想的发展是同军事技术的发展紧密联系的。军事技术的发展，首先决定了进攻力量的增长，决定了进攻部队克服防御并粉碎防御之敌的能力的增长，但同时也决定了防御抵抗进攻和杀伤进攻集团能力的增长。防御的积极性越来越高、稳定性越来越强都同军事技术发展息息相关。例如，坦克作为一种新式武器出现后，首先被用于进攻，被作为快速机动部队在进攻中实施机动作战，而当防御一方也拥有大量坦克时，坦克兵即被组成同样性质的快速部队——反突击集团，在防御中实施机动作战。

（二）唯武器论与战略防御

俄罗斯（苏联）军事历史上，曾多次陷入到唯武器论的误区中，

---

① 转引自：И. А. 格鲁季宁著，军事科学院外军部翻译组译：《苏联对军事哲学的研究》，北京：中国对外翻译出版公司，1982年版，第48页。原文参见：《马克思恩格斯全集》，第20卷，第187页。

最典型的例子就是赫鲁晓夫时期的火箭核战略。当时的苏联军事思想积极鼓吹核武器制胜论，否定了常规兵力兵器的作用，过分夸大了核突击的作用，否定了作为战略行动类型的战略防御的地位和作用，完全违背了武装军事斗争的客观发展规律。以赫鲁晓夫为首的苏联国家和军事领导人把火箭核武器绝对化，认为常规力量将完全被核武器所替代，否认了人民在战争中所起的重大作用。

赫鲁晓夫过分夸大了核武器的作用，认为火箭核武器在未来任何作战中都是支配一切的因素，而所有常规军备，包括海军、空军及庞大的常规陆军在内，很快就会过时。他的观点完全违背了马克思列宁斯大林的战争观，是个彻头彻尾的唯心主义者，赫鲁晓夫在一系列的公开讲话、报告和演说中积极鼓吹核武器的威力和作用。1960 年 1 月 14 日他在《在苏联最高苏维埃会议上的报告》中宣称："当前决定国防力量的不是我们有多少士兵肩荷枪支，有多少人身穿大衣。如果抛开我已经说过的一半的政治和经济因素，那么国家的防御力量，在决定性的程度上取决于火力如何，取决于这个国家掌握着什么样的发射工具。"① 他在 1959 年 9 月 16 日华盛顿美国新闻俱乐部演讲时说："第二次世界大战中所采用的最完善的飞机、战舰和坦克，同最新式的作战武器相比差不多成了玩具一样。"② "在几分钟之内就可以发射到地球的任何一点，新战争对任何人都不会留情，它会给人类带来空前的牺牲、破坏和灾难"。③

赫鲁晓夫在积极宣扬核武器制胜论的同时，极力贬低常规兵力兵器的作用和地位，从根本上否定了战略防御的地位和作用，颠覆

① 转引自：中国人民解放军军事科学院科研指导部编：《战后苏联军事思想的演变》资料汇编（1982 年 6 月 8 日），第 6 页。原文参见：1960 年 1 月 14 日赫鲁晓夫所作的《在苏联最高苏维埃会议上的报告》。

② 转引自：中国人民解放军军事科学院科研指导部编：《战后苏联军事思想的演变》资料汇编（1982 年 6 月 8 日），第 6 页。原文参见：赫鲁晓夫在 1959 年 9 月 16 日的讲话。

③ 转引自：中国人民解放军军事科学院科研指导部编：《战后苏联军事思想的演变》资料汇编（1982 年 6 月 8 日），原文参加 1959 年 10 月 31 日赫鲁晓夫所作的《在苏联最高苏维埃第三次会议上的报告》。

了苏军依据伟大卫国战争所总结的关于军事行动经验和教训。他多次宣称："我国掌握着强有力的火箭技术，在现代军事技术发达的条件下，空军和海军已经失去了过去的意义，这类武器不是要削减，而是要被代替。"①

① 转引自：中国人民解放军军事科学院科研指导部编：《战后苏联军事思想的演变》资料汇编（1982年6月8日），第6页。原文参见：赫鲁晓夫在1961年7月8日的讲话。

第十章 俄罗斯战略防御理论发展的主要特点

一、战略防御的地位和作用：在肯定与否定之间摇摆

从俄罗斯战略防御思想演变的历史看，俄罗斯军事理论界对战略防御的地位和作用的认识存在着大起大落的现象。俄罗斯军事历史上，战略防御的地位和作用经常在肯定与否定之间摇摆，要么是战略防御地位和作用被完全否定，典型的历史时期是20世纪20年代到30年代的两战之间时期、20世纪60年代初以“火箭核战争”为标志的赫鲁晓夫时期；要么是战略防御地位和作用被完全肯定，比较有代表性的历史时期是第一次世界大战时期、20世纪80年代中后期的戈尔巴乔夫时期。

二、战略防御的目的：基本发展趋势是越来越坚决

根据前面几章的论述，结合苏军的条令、条例以及军事百科全

书中关于防御的论述,[①] 可以认为：俄（苏）军将防御看成是抗击敌人优势兵力进攻的手段之一，其观点是一脉相承的，没有发生过根本性的变化；俄（苏）军虽然将防御看成是一种被动的，或者说被迫的战斗样式，但各个历史时期的军事思想都赋予防御一定的积极意义，寄予明确的希望，同“消极防御”有着本质的区别；俄（苏）军防御的目的性越来越坚决。第一次世界大战以前防御的主要任务通常是抗击敌人的进攻和扼守已占领的地区；第一次世界大战末期，特别是第二次世界大战过程中，防御的目的已不仅仅是重创进攻突击集团，而是要挫败其进攻，改变力量对比，使之有利于防御一方，并为己方转入反攻创造有利条件。

战后苏联战略防御思想的发展也体现了这个特点。20 世纪 50 年代苏军防御的积极性主要是在“顽强坚守（扼守）”基础上实施反冲击、反突击和必要的反准备等“反应型”的攻势行动；20 世纪七八十年代随着军事技术对防御作战行动的推动，攻防行动被广泛综合运用到各种类型的军事行动中，俄（苏）军强调防御过程中必须实施更加积极更加主动的进攻手段，不再像以前那样坚守防御地带，而是在扼守主要方向上重要地域的同时，实施强大的攻势行动，以

① 苏军《工农红军野战条令（草案）》（1939 年）指出：“当情况不允许或不宜进攻时，便组织防御……防御必须包括顽强的抵抗，以此来消耗敌人的体力和挫败敌人的锐气……因此，防御应该以小兵力给数量上占优势的敌人以重大杀伤。”《苏军野战条令》（1953 年）第 370 条规定：“军队采取防御的目的在于固守所占领的阵地，抗击敌人优势兵力的进攻，给敌人以重大损害，从而为转入坚决的进攻造成有利条件。”《苏军师团野战条令》（1963 年）第 427 条规定：“防御的目的是抗击敌优势兵力的进攻，使敌遭受到重大损失，固守重要的地域，从而为转入坚决地进攻创造有利条件。”“采取防御能争取时间和在某些方向上节省兵力兵器，以造成在其他方向上转入进攻的条件”。《苏联军事百科词典》（1983 年）中“防御”词条指出：“防御的目的在于粉碎或抗击敌优势兵力的进攻（突击）并给予杀伤、掩护（扼守）占领的地区（地域、目标和水区），节约次要（不太重要）方向上的兵力兵器，在主要方向上造成对敌优势，为己方军队转入进攻创造有利条件。”《苏联军事百科全书》（1986 年）中“战略防御”条目这样定义：“战略防御是武装力量的一种军事行动类型，其目的是击退敌人战略集团的进攻并使其遭受重大损失，扼守本国（国家联盟）境内最重要的地域，为转入战略进攻（反攻）创造条件。”

进攻的方式达成防御的目的，防御的目的更具有坚决性。[①]

但是，俄罗斯战略防御思想家也承认，并不是任何战略防御都是以军队转入反攻而告终的。在某些情况下，战略防御的目的在于疲惫和消耗敌人，挫败其进攻锐气，为己方军队转入坚决的反攻创造良好条件；另一些情况下，战略防御的目的在于制止敌人的进攻，迫使敌人也转入防御，双方在一定的时间内都采用阵地战的形式。例如以苏联伟大卫国战争期间的战略防御行动为例：苏军1941年在摩尔曼斯克、彼得罗扎沃茨克和列宁格勒方向上的防御行动，都是以双方转入长期的阵地防御而结束；而苏军在莫斯科方向上的防御，则是以西方面军、加里宁方面军和西南方面军转入坚决反攻而结束。

三、战略防御的规模：基本发展趋势是越来越大，但个别历史时期存在反复

过去的战争史表明，战略防御规模呈现出不断扩大的趋势：帝国主义时代以前的战争中，防御交战的双方通常只在几千米宽的正面进行；1904—1905年俄日战争中防御正面增加到100—200千米；第一次世界大战中防御正面为300—700千米，最长至1300千米；第二次世界大战中苏德战场的防御正面则达到了3500千米。战略防御规模的扩大主要表现在参加国家或联盟军队的兵力兵器数量不断增加，参加的军兵种类越来越多，空间规模越来越大。

（一）组织与实施战略防御所使用的兵力兵器

帝俄时期的战略防御实践中，1904—1905年的日俄战争中已经出现了大规模的防御交战，当时的奉天（沈阳）会战中，双方投入的兵力达60万人，火炮2500门，机枪256挺。到了第一次世界大战，参战国家已经不是个别的几个，而是33个国家，它们组成了对立的联盟，每一方在实施战略防御时都投入了数千门火炮和迫击炮、

① 尉元贵、崔师增：“苏军现代防御战役特点议”，载《国防大学学报》1987年第5期，第58—60页。

数百辆坦克和数百架飞机及其他兵力，到1917年，协约国参战兵力达到300万，同盟国参战兵力也超过100万，双方在绵亘的战线都陷入了阵地战的死胡同中。

第二次世界大战期间，战略防御的规模更是急剧扩大，参战的兵力兵器更是前所未有的庞大。苏军在1941年至1942年、德军在1943年至1945年的战略防御都是使用全部的武装力量，共数百万人、数千辆坦克和数百架飞机、数千门火炮和迫击炮。

以伟大卫国战争时期苏军组织与实施的战略防御为例，1942年在250—800千米的地带内，参战兵力为50—150万人，火炮和迫击炮3000—6000门，作战飞机为400—800架，坦克600—2400辆，防御配系纵深100—120千米，防御战役实施时间为27—28昼夜；1943年至1945年期间，在400—550千米的地带内，投入的装备和技术兵器的数量增加了一至两倍，防御配系纵深扩大了一至两倍，防御战役实施时间缩短为10—15昼夜。[①]

组织与实施防御的先进新式武器和技术兵器也不断增加。古罗斯时期和封建割据时期，防御主要是围绕着要塞防御展开，利用土质壁垒来抵抗进攻之敌；16—17世纪火器出现以后，火炮、射击武器被迅速运用到防御的军事行动中；到了第一次世界大战，防空兵器被广泛发展起来，起初主要是机枪和野战火炮，后来则是专门制造的高射炮；第一世界大战末期，坦克也加入到防御行动中；第二世界大战中，防御中开始大量使用飞机、火炮、坦克、反坦克武器、防空武器和其他火器；20世纪60年代以后，使用导弹核武器也被视为组织与实施防御、实施战略反突击的重要手段，导弹核武器急速提高了防御的能力；到了20世纪末，随着军事技术的发展，尤其是在军事和军事技术上的革命的推动下，远程杀伤武器，电子战武器，最新式的侦察、指挥、电子战、火力毁伤系统先后被应用到防御的组织与实施过程中。

---

① M. M. 科兹洛夫："伟大卫国战争中组织和实施战略防御的经验"，载《军事历史》1980年第12期。

（二）组织与实施战略防御的空间规模

在俄罗斯战略防御思想发展的历史上，俄（苏）军的防御行动的展开最初主要是在陆地上进行，后来逐步扩展到空中、海上，最后发展到广阔的太空中。俄军认为，未来战争中，防御军事行动可能在广大的陆地、海上、空中、太空中展开，战略防御的规模将前所未有的广阔。

（三）战略防御的参加主体

从俄罗斯战略防御思想的演变历程来看，战略防御的参加主体，即各个军兵种，其类型呈现出越来越多的趋势。最初陆军是组织与实施战略防御的主要力量，随着军事实践的发展，出现了由陆军的战略防御向各军、兵种联合防御的发展趋势。最初的防御行动主要是由陆军来实施，随后先后有航空兵、防空军（兵）、空军、炮兵、骑兵、海军、坦克兵、火箭军（兵）、空降兵、登陆兵、太空兵等投入到战略防御的准备、组织与实施中。

（四）战略防御规模大小出现的反复

在俄罗斯战略防御思想发展历程中，战略防御规模的总体发展趋势是越来越巨大，但在个别历史时期，战略防御规模的大小同以往的历史时期相比，存在着缩小的现象。例如 20 世纪 60 年代中期，苏军重新肯定了战略防御的地位和作用，认为将在最主要的战区或战略方向实施战略进攻，而在次要战区或战略方向实施战略防御。该时期苏军对战略防御的肯定是一种部分肯定，苏军制定了方面军防御战役理论，战略性防御战役的主要样式将是方面军防御战役，这比以往各历史时期提出的方面军群战略性防御战役的规模小很多。20 世纪 80 年代中期，苏军研究并制定了详细的大陆战区战略性防御战役理论，但随着“纯防御性军事学说”的问世，苏军取消了统一的大陆战区战略性战役，降低了战役的标准，战略防御的规模也随之缩小。

四、战略防御样式的演变：防御样式的多样化

（一）从阵地防御到机动防御再到两者相结合

俄罗斯军事历史上，1855 年的塞瓦斯托波尔防御中阵地防御的形式首次出现，并在随后的军事实践中获得不断地发展，最终在第一次世界大战中达到了发展的顶峰。

国内战争和外国武装干涉时期，年轻的苏维埃军事理论根据武装斗争的特点，创造性提出了机动防御的理论，机动防御不仅在战术上实施，而且在战略上实施，机动防御成为当时红军最主要的防御行动类型。

两次世界大战之间，苏军在理论上对机动防御的实质、实施条件和方法进行了比较系统的研究，但苏军的机动防御理论是与实际相脱节的，主要原因是：没有阐明在各种不同条件下（战略、战役、战术）实施机动防御的问题；军队从来没有进行过在长距离退却不利条件下实施机动防御的足够训练。

伟大卫国战争时期，苏军的机动防御理论经受了战争的严峻考验，并在军事实践中获得了新的发展。但当时苏联军事理论界的观点是：战争初期，苏军之所以能够阻止德军的进攻，从某种意义上说，是得益于阵地防御理论的发展，阵地防御的地位和作用被提到新的高度。

从伟大卫国战争结束一直到 20 世纪 80 年代中期，机动防御理论一直处于“休眠时期”，苏军不再承认防御可分为机动防御和阵地防御两种类型。

到了 20 世纪 80 年代中期，苏军确立了“纯防御军事学说”和“防御性军事战略”，重新提出和肯定了机动防御在军事理论中的作用，提出以阵地防御为主、机动防御为辅的观点，机动防御理论得以重新回归。

俄联邦时期，俄军基本上继承了苏军将阵地防御和机动防御以不同方式结合使用的观点。

（二）从要塞防御到战区战略性防御战役

古罗斯时期，处于孕育萌发时期的战略防御思想常常蕴含于一次简单的战斗当中，国家的防御准备主要是构筑城堡、加强城防工事和修建边防要塞，要塞防御是当时防御行动的主要样式。在野战条件下，则是由防御军队在预选地区摆成密集队形，利用土质壁垒抵抗进攻者。

19 世纪末以前，即俄国进入帝国主义前，防御通常是在一个交战的范围内实施，胜利的取得主要依靠在一次总决战中击溃敌人，那是防御力图有能力抵抗各种火器的袭击和战场上大批军队的进攻，广泛利用地形的有利条件，采用了多面堡和钝角堡等野战防御工事，后来又采用了步兵掩体、炮兵发射阵地和预备队掩蔽部体系。

克里米亚战争（1853—1855 年）期间的塞瓦斯托波尔防御中，俄军第一次建立了纵深为 1—1.5 千米的工事地带，这种地带比要塞形式的防御支撑点更不好迂回，也比线式阵地更难于克服，这样俄罗斯军事历史上首次产生了阵地防御。

第一次世界大战中，防御理论与实践的发展远远超过进攻，阵地防御在许多国家军事学术的理论与实践中得到了肯定，阵地战的发展达到了顶峰，俄军组织与实施战略防御的基本样式是方面军防御战役。

国内战争和外国武装干涉时期，工农红军曾集中数个方面军的兵力来组织与实施战略防御，但当时数个方面军联合作战的行动尚未具备方面军群防御战役的全部特点。

伟大卫国战争爆发时，苏军实施战略防御的样式是孤立的方面军防御战役，但战争初期的方面军防御战役的经验证明，以一个军团的兵力不可能抵挡住敌战略集团的进攻。从 1941 年 8 月起，战略防御的基本样式变为由同时和陆续展开的方面军群（每群 2—3 个方面军）防御战役组成的整体行动，并与陆军兵团独立的（局部）进攻战役、航空兵的突击（空中战役）和防空军的行动相结合，在濒海方向，还与舰队的行动相结合。在方面军群防御战役范围内，也出现了在统一目的、统一方案的基础上联合各军兵种参战的兵力兵器，以及在统一指挥下比较有效地协调其行动的有利条件。伟大卫国战争结束后，作为战略防御行动样式的方面军群防御战役又获得了新的发展。

到了20世纪七八十年代，苏联军事理论认为，大陆战区战略性防御战役成为达到战略防御目的的主要手段。“现在，陆军、空军和海军的战斗力，它们的武器装备的远程作战能力和机动能力都已大大提高，突击集团集结和物资补给所需时间已缩短，各军种完成战役战略任务的条件和形势已发生变化。同时，最高军事领导已能直接地、决定性地影响战争的进程和结局。总之，各军种兵团和军团原来的使用方式，在很大程度上已经不再适应现代条件。因为，现在能作为基本战役样式的，已不是方面军战役甚至也不是方面军群战役，而是更现代化、更完善和规模更大的样式——战区战役”。

从俄罗斯战略防御思想演变历史上看，战略防御在不断发展，防御样式日臻完善，一次战争比一次战争更加复杂，作战行动越来越多样化。战略性防御战役先后经历“集团军防御战役、方面军防御战役、方面军群防御战役、大陆战区战略性防御战役”的样式演变。俄罗斯战略防御思想发展的最突出特点是战略防御的规模呈不断扩大趋势，这是同集团军防御战役和方面军防御战役紧密联系的。

五、战略防御的性质

从俄罗斯战略防御思想演变历史上看，战略防御的性质也有发展变化的趋势，主要表现在战略防御的稳定性越来越强和战略防御的积极性越来越高。

（一）战略防御的稳定性：基本发展趋势是越来越强

防御的稳定性通常是指防御军队于一定时间内抗击敌密集突击及顽强扼守所防领土的能力。通过对历史上俄（苏）军准备、组织与实施战略防御的方法考察，不难发现战略防御的稳定性呈现出越来越强的发展趋势。

俄罗斯战略防御思想发展演变过程中，俄（苏）军提高防御稳定性的措施主要是正确判断敌人的主要突击方向、充分利用有利地形、加大防御纵深、正确选择和构筑由数个绵亘阵地组成的防御地区（地带）、军队布势由一线配置改为纵深梯次配置、建立强大战略预备队、加强对坦克、对炮兵、对化学武器和对空防御。

我们来具体看一下防御纵深所发生的变化：航空兵和坦克出现以前，防御纵深总共只有几千米，主要是一些预先构筑的步兵掩体和炮兵阵地；第一次世界大战中，防御纵深已发展到几十千米，构筑了堑壕和交通壕，以及大量人员和技术兵器掩蔽部，还设置了障碍物；第二次世界大战中，防御纵深扩展到300千米以上。关于伟大卫国战争中苏军防御的稳定性问题，本书第二部分已论述过，这里不再赘述。

俄（苏）军事学术研究经常提及1943年库尔斯克战略防御的经验，认为它是战略防御具有高度稳固性的范例。这个战役的特点是苏军统帅部正确地判定出敌人的主要突击方向；采取了纵深的防御阵地编成（达300千米）；梯次部署了军队；拥有强大的战略预备队（其中包括把方面军作为预备队）；周密地进行了工程构筑，形成了发达的堑壕、交通壕、斜切阵地和后方阵地体系；建立有牢固的对坦克、对炮兵和对空防御。敌人力图突破这一防御，可他们的企图未能获得成功。法西斯德国军队的突击集团一共只楔入防御纵深15—35千米，尔后，被完全粉碎了。

（二）战略防御的积极性：基本发展趋势是越来越高

防御的积极性实质是强调防御中的攻势行动。从俄罗斯战略防御思想的演变历史看，俄（军）组织与实施的防御不会有“纯粹”的、单方面的防御行动，战略防御行动的积极性呈现出越来越高的趋势，战略防御积极性的提高决定了由单纯防御到防御与进攻相结合的转变，从而使防御具有了防御—进攻的性质。

俄（苏）军认为，防御的积极性包括实施火力毁伤、广泛实施兵力兵器机动、采取局部（次要方向）的进攻行动和实施反突击。

反突击是防御积极性的最高表现形式，直接关系到防御战役的成败，强调准备周密、及时实施，以便“为破坏敌进攻和夺取主动权创造条件”。在不同的历史时期，防御的积极性体现在不同的方面：

早在战略防御思想的孕育萌发时期，古罗斯军队实施的防御已经体现出积极性的特点。伟大卫国战争中，苏军防御的积极性主要体现在于某个方向上实施顽强防御，扼守重要地区，而同时在其他方向上实施反突击或局部的进攻；组织战略协同时，要求在某个战略方向实施的战略性防御战役，必须同其他战略方向实施的战略性进攻战役密切结合。

战后战略防御思想的发展过程中，特别是20世纪七八十年代，苏军防御表现出更加积极的性质。苏军认为，战区战略性防御战役将以更多的进攻行动来达成目的，这是因为“陆、海军装备了新式兵器，因而其射击能力、突击能力和机动能力都有了提高，很显然，战略性防御战役的内容自然也要发生重大变化，这首先确定了战略性防御战役要按照积极的样式实施，与过去相比，进攻行动可能占主要地位。”①

到了20世纪80年代末期，苏军防御积极性增加了新的重要内容，提出实施“纵深攻击”，是指在防御战役中以获利和一定的兵力在进攻之敌的纵深（后方）实施的一种攻势行动。实施纵深攻击的手段是以航空兵、攻击直升机、战役战术导弹和远程火炮对敌战役战术纵深内的重要目标实施火力突击，并支援地面行动，实施纵深攻击的主要行动方法是奔袭。②

---

① 傅全有：“试析苏军战区战略性防御战役的特点”，载《外国军事学术》1987年第8期，第19—22页。

② 此处的观点是国防大学研究生朱达在《苏军防御积极性的重要内容——纵深攻击》一文中提出的观点，该文详细分析了苏军在防御战役中实施纵深攻击的可行条件、实施的样式与方法。作者曾查阅了苏军20世纪80年代的战役法和战术资料，但尚未能找到相关方面的资料，故此处引用了朱达的观点。

第十一章　俄罗斯战略防御思想的演变特征

一、追求战略行动样式的极端化与绝对化导致战略防御思想的曲折发展

从俄罗斯战略防御思想的演变历史看，其演变轨迹的主要特点之一就是发展的曲折性，战略防御思想的发展并不是一帆风顺的，是充满曲折的，从伟大卫国战争结束到苏联解体短短的50年间，战略防御思想先后经历了“充分肯定→彻底否定→重新肯定→完全肯定”的曲折发展过程，导致俄罗斯战略防御思想曲折发展的主要原因之一就是俄（苏）在处理战略问题时追求极端化和绝对化，尤其是选择战略行动的类型时，常常是非此即彼，难以在战略进攻与战略防御之间找到平衡点。

俄罗斯（苏联）军事历史上，有三个重要的历史时期战略防御思想要么是完全被忽视和否定，要么是被过度肯定：第一个历史时期是两次世界大战之间，特别是20世纪30年代中期，随着大纵深进攻战役理论的蓬勃发展，苏军积极追求战略进攻，对战略防御的地位和作用予以忽视或否定，最终导致了第二次世界大战初期遭受了重大的失利；第二个历史时期是赫鲁晓夫时期，苏军在火箭核战略的指导下，彻底否定了战略防御，甚至宣称“战略防御对国家是十分有害的”，积极实施战略进攻，对核武器寄予过高的期望，最终结果是古巴导弹危机使当时的世界头号强国在全世界面前丢尽了颜面，“核讹诈”——一个带有戏谑色彩的词诞生了；第三个历史时期是戈尔巴乔夫时期，“军事上的新思维”使苏军彻底放下了进攻的武

器，开始追求一种“纯粹的、非进攻性的”防御，防御被放到了首要的地位，战略防御思想被过度肯定，这次的危害是巨大的。当苏联军事学术界还在激烈辩论“军事上的新思维”时，军队就从内部自行崩溃了，一个超级大国轰然倒塌。

二、军事思想的继承性促使战略防御思想反复回归

从俄罗斯战略防御思想的演变历史看，虽然战略防御思想的演变历程充满了曲折，但经历过种种曲折之后，战略防御思想的发展基本上都能够回归到“正确的道路上”，俄罗斯战略防御思想的演变历程中曾多次出现“反复回归”现象。

20 世纪 20 年代，以 M. B. 伏龙芝和 A. A. 斯韦钦为代表的军事理论家阐述的战略防御思想是苏联军事思想的宝贵财富，但令人遗憾的是从 30 年代后期至伟大卫国战争爆发前，战略防御的地位和作用被彻底否定了，战略防御思想的发展陷入了前所未有的低潮；伟大卫国战争初期的战略形势表明，战争的进程完全按照 A. A. 斯韦钦等人的预测进行，战略防御的重要地位和作用毋庸置疑，于是苏军重新拾起了战略防御的思想，最终凭借成功的战略防御扭转了第二次世界大战的进程；到了 20 世纪 60 年代，随着火箭核战略的出炉，苏军再次抛弃了曾经拯救俄罗斯民族命运的法宝——战略防御思想，战略防御的地位和作用再次被否定；到了勃列日涅夫时期，面对多线作战的现实威胁，苏军认为今后军事行动将在数个战区或战略方向展开，处处实施战略进攻已不太现实，于是战略防御的地位再次得到肯定，战略防御思想重新得到回归；戈尔巴乔夫时期，战略防御的地位不再是被否定了，而是变成受到极端肯定，战略防御思想已经陷入畸形；苏联解体后，俄罗斯军事理论修正和继承了苏军的战略防御观点，战略防御思想又重新回到了正常的发展轨迹上。

军事思想的继承性是促使战略防御思想反复回归的主要动力，任何一个时期的战略防御思想都是军事家根据当时战争的特点与性

质所做出的科学总结，反映了军事斗争的基本规律，具有鲜明的时代特征。战略防御是根据它固有的原则和要求实施的，这些原则和要求随着武装斗争、军事技术和军事学术的发展而不断完善，不断增加着新的本质。因此，不论是战略防御的地位和作用如何被全盘否定或过度肯定，组织与实施战略防御的基本原则和要求是一成不变的，具有较强的继承性和连贯性，正是这种继承性促使战略防御思想始终都能够回到正确的发展轨迹上。

三、军事实践的客观指导推动战略防御思想不断向前发展

从俄罗斯战略防御思想的演变历史看，推动战略防御思想向前发展的最大动力是俄（苏）军的历次战争实践。无论是沙皇俄国时期俄军的一系列军事实践，还是苏军在伟大卫国战争中组织与实施战略防御的实践，无论是成功的战略防御实践，还是以失败结束的战略防御实践，它们都对战略防御思想的发展起到了巨大的推动作用。

战略防御思想是在战略防御的军事实践中形成和发展的，而发展了的战略防御思想反过来又可以对战争实践起到指导作用，也就是说，新的战略防御实践对战略防御思想不断检验，并推动战略防御思想不断进行变革，不断向前发展，这是永恒不变的客观规律。

沙皇俄国时期，克里米亚战争中的塞瓦斯托波尔防御，虽然最终以失败而告终，但俄军积累了陆海军协同保卫濒海要塞的成功经验，防御中第一次构筑了纵深为1—1.5千米的工事地带，由此产生了阵地防御；1904—1905年的俄日战争中，俄军的战略防御几乎完全没有组织起来，大部分都是以失败而告终的，但战争结束后，俄国军事理论界对战争进行了认真总结，从惨痛的失败中总结经验和教训，并根据经验和教训，制定新的军事条令条例，进而上升到军事思想的高度。

伟大卫国战争爆发前苏军几乎或者说根本没有组织与实施战略

防御的经验，战争开始后苏军被迫在整个苏德战场上转入战略防御，转入临时的战略防御是苏军唯一可以采用的战略行动样式，苏军先后组织了几个批次的战略性防御战役，它们分别是在不同的条件下组织与实施的，其中许多战略性防御战役是以失败而结束的。随着战争的发展，苏军逐步积累了组织与实施战略防御的经验，不断改进实施战略性防御战役的方法，战略防御的艺术不断提高，等到 1943 年的夏季战局，苏军的战略防御艺术达到了一个顶峰，苏军的战略防御不是被迫组织的，而是预先计划的。当时苏军完全有能力先敌行动，首先发起战略进攻，但苏军统帅部认为，最好暂时转入战略防御，在预有准备的地区应急敌人，在防御交战中疲惫和消耗敌军，尔后投入新锐预备队，转入坚决的反攻，进而转入战略总攻，可以说，1943 年夏季战局进程中战略主动权始终掌握在苏军的手里。

伟大卫国战争中，苏军的战略防御经历了从被迫转入到预有准备转入的重大转变，反映了苏军组织与实施战略防御艺术水平的提升。苏军在伟大卫国战争的成功经验与教训构成了战后苏联战略防御思想发展的基础，纵然是在军事技术飞速发展的年代，这些实践经验对发展军事学术和指导未来战争仍具有重要的现实意义。

结　　语

俄罗斯战略防御思想是俄罗斯军事思想的重要组成部分，由于历史的种种原因，战略防御思想没有能够像战略进攻思想一样在俄罗斯军事历史上获得系统性的发展，甚至在某些历史时期被彻底否定或封杀。本书尝试着对俄罗斯战略防御思想的发展演变进行了梳理，对各个历史时期的战略思想进行了考察，并总结出了几点结论和思考，但作者深知，一部完整的俄罗斯战略防御思想史，单凭一部薄薄的著作是无法全部囊括的，同俄罗斯战略进攻防御思想一样，俄罗斯战略防御思想是博大精深、内容丰富的，近几年来 A. A. 斯韦钦等人的战略防御思想受到极大推崇就证明这一点。我们在对俄罗斯战略防御思想进行历史考察时，未必能够面面俱到地将各个历史时期战略防御思想的精华全部都阐释出来，难免会有遗漏之处。此外，囿于时间等因素，书中对当代俄罗斯战略防御问题的阐述远远不够深入，这些都是作者在今后研究俄罗斯战略防御思想时需要努力改进和完善的方向。

参考文献

一、中文参考书目

［1］中国人民解放军军事科学院世界军事研究部：《俄联邦军事基本情况》，北京：军事科学出版社，2004 年版。

［2］中国人民解放军军事科学院外国军事研究部：《俄联邦军事基本情况》，北京：军事科学出版社，1998 年版。

［3］中国人民解放军总参谋部军训和兵种部编译：《俄罗斯联邦武装力量军事学院教材合集》（第一分册：军事安全与军事战略），北京：军事科学出版社，2005 年版。

［4］中国人民解放军军事科学院：《苏联军事百科全书》（战争理论卷），北京：战士出版社，1981 年版。

［5］中国人民解放军军事科学院：《苏联军事百科全书》（军事历史上、下卷），北京：战士出版社，1981 年版。

［6］中国人民解放军军事科学院：《苏联军事百科全书》（人物志卷），北京：战士出版社，1981 年版。

［7］中国人民解放军军事科学院外国军事研究部：《军事百科词典》，北京：群众出版社，1984 年版。

［8］克劳塞维茨著，中国人民解放军军事科学院译：《战争论》（第一、二、三卷），北京：商务印书馆，2003 年版。

［9］约米尼著，刘聪、袁坚译：《战争艺术概论》，北京：解放军出版社，1986 年版。

［10］吴春秋：《俄国军事史略（1547—1917）》，北京：知识出版社，1983 年版。

［11］王海、李植谷：《苏联军事战略概论》，北京：国防大学出版社，1989 年版。

［12］彭训厚、林野：《苏联军事改革言论集》，北京：解放军出版社，1988 年版。

［13］陆南泉、姜长斌、徐葵、李静杰主编：《苏联兴亡史论》（修订版），北京：人民出版社，2004 年版。

［14］于沛：《斯拉夫文明》，北京：中国社会科学出版社，2001 年版。

［15］王剑、姚宏德：《现代外军战役理论》（上、下），中国人民解放军军事科学院外国军事研究部，1987 年版。

［16］В. А. 佐洛塔廖夫主编，李效东等译：《俄罗斯军事战略史》，北京：军事科学出版社，2009 年版。

［17］В. Д. 索科洛夫斯基著，中国人民解放军军事科学院译：《军事战略》（上、下），北京：战士出版社，1981 年版。

［18］М. А. 米尔施泰因、А. К. 斯洛博坚科著，黄良羽等译：《论资产阶级军事科学》，北京：军事科学出版社，1985 年版。

［19］Н. В. 奥加尔科夫著，中国人民解放军军事科学院毛泽东思想研究所译：《历史的告诫》，北京：军事科学出版社，1987 年版。

［20］Б. В. 帕诺夫著，李静、袁亚楠译：《战争艺术史》，北京：军事科学出版社，1990 年版。

［21］С. А. 丘什克维奇主编：中国人民解放军军事科学院外国军事部译：《战争与当代现实》，北京：军事科学出版社，1990 年版。

［22］А. А. 科科申著，王吉良等译：《战略领导论》，北京：军事科学出版社，2005 年版。

［23］А. В. 苏沃洛夫著，李让译：《制胜的科学》，北京：解放军出版社，1986 年版。

［24］И. А. 科罗特科夫著，李大军、毛雨译：《苏联军事思想

史》，北京：解放军出版社，1986 年版。

［25］М. Б 斯米尔诺夫：《论苏联军事科学》，北京：中国人民解放军军事科学院，1962 年版。

［26］В. Н. 洛博夫：《战争中的谋略》，北京：解放军出版社，1992 年版。

［27］С. С. 托洛茨基：《战争史和军事学术史》，北京：战士出版社，1980 年版。

［28］Е. А. 拉俊著，中国人民解放军军事科学院外国军事部译：《军事学术史》，北京：军事科学出版社，1989 年版。

［29］Н. А. 洛莫夫著：《科学技术进步与军事上的革命》，北京：战士出版社，1982 年版。

［30］И. А. 格鲁季宁著，中国人民解放军军事科学院外国军事研究部译：《苏联对军事哲学的研究》，北京：中国对外翻译出版公司，1982 年版。

［31］М. А. 加列耶夫，周鄂川等译：《伏龙芝的军事思想与军事现代军事理论》，北京：国防大学出版社，1986 年版。

［32］М. А. 加列耶夫著，中国人民解放军军事科学院外国军事研究部译：《假如明天战争来临》，北京：军事科学出版社，1999 年版。

［33］В. Г. 茨威特科夫，韦辛、沙方译：《论列宁的军事理论遗产》，北京：解放军出版社，1984 年版。

［34］П. А. 日林，金辉、高杨：库图佐夫：《生平及统帅业绩》，北京：商务印书馆，1989 年版。

［35］С. П. 伊万诺夫主编：《战争初期》，北京：中国人民解放军军事科学院，1979 年版。

［36］俄联邦国防部编，中国人民解放军军事科学院外国军事研究部译：《对和平的威胁来自何方》，北京：中国人民解放军军事科学院，1982 年版。

［37］艾什顿·卡特、威廉姆·佩里，胡利平、杨韵琴译：《预

防性防御：一项美国新安全战略》，上海：上海人民出版社，2000年版。

［38］特雷弗·N·迪普伊，中国人民解放军军事科学院外国军事研究部译：《把握战争——军事历史与作战理论》，北京：军事科学出版社，1993年版。

［39］安德烈·博福尔著，中国人民解放军军事科学院外国军事研究部译：《战略入门》，北京：军事科学出版社，1989年版。

［40］德里克·利贝尔特主编，中国人民解放军军事科学院外国军事研究部译：《苏联军事思想》，北京：解放军出版社，1983年版。

［41］弗·洛梅科、阿·葛罗米柯，王海燕、于建译：《核时代新思想》，北京：新华出版社，1988年版。

［42］保罗、克奇克梅提著：《战略投降：胜利和失败的政治》，北京：世界知识出版社，1958年版。

［43］罗杰·斯皮德著，秦志高译：《八十年代战略威慑》，北京：战士出版社，1983年版。

二、俄文军事学术著作

[1] Басик И. И. « История военного искусства: Учебник для высших военно-учебных заведений МО РФ». М., Воениздат, 2006.

[2] Бескровный Л. Г. « Очерки военной историографии России». М., 1962.

[3] Бескровный Л. Г. « Очерки по источниковедению военной истории России». М. 1957.

[4] Гаплуа П. « Стратегия в ядерный век » . Военное издательство. М., 1962.

[5] Золоторёв В. А. « История военной стратегии России». Кучково поле. М., 2000.

[6] Зборовский И. « Стратегия и тактика большевиков в трёх

русских революциях » государственное издательство политической литературы ». М. , 1957.

[7] Леер Г. А. « Стратегия (тактика театра военных действий) ». СПб, 1885.

[8] Леер Г. А. « Метод военных наук (стратегии, тактики, военной истории) ». СПБ, 1894.

[9] Мартынов Е. И. « Стратегия в эпоху и в наше время ». СПб. , 1894

[10] Михневич Н. П. « Стратегия ». СПб, 1910.

[11] Михневич Н. П. « Военная наука и степень точности ее выводов ». СПБ, 1899.

[12] Разин Е. А. « Русская военно-теоретическая мысль XIX и начала XX вв. ». М. , 1960.

[13] Савинкин А. Е. А. Г. Кавтарадзе Постижение военного искусства: идейное наследие А. Свечина. Военный университет. Русский пусть. М. 1999.

[14] Свечин А. А. « Стратегия » . Государственное военное издательство. М. , 1926.

[15] Свечин А. А. « Эволюция военного искусства с древнейших времён до наших дней ». Том 1 ~ 2, М. , 1927 ~ 1928.

[16] Смирнов М. Б. « О советской военной науке » . Военное издательство. М. , 1960.

[17] Степашин С. В. « Стратегия в трудах военных классиков ». Финансовый контроль. М. , 2003.

[18] Строков А. А. « Вооружённые силы и военное искусство в первой мировой войне ». М. , воениздат, 1974.

[19] Строков А. А. « История военного искусства » . Т. 1 ~ 3, М. , 1955.

三、俄文军事期刊文献

[1]Б. Тырин. К вопросу о характере современных оборонительных операций. « Военная мысль », 1957, №10, стр. 30.

[2] Е. Эльперин. Об особенностях контрударов в современной обороне. « Военная мысль », 1957, №09, стр. 29.

[3] В. Числов. О. Кузуб. Некоторые вопросы современной обороны. « Военная мысль », 1957, №06, стр. 14.

[4] М. Горбачёв. Использование оборонявшихся войск при переходе в наступление. « Военная мысль », 1957, №06, стр. 25.

[5]С. Красильников. Стратегическое наступление и стратегическая оборона. « Военная мысль », 1957, №12, стр. 20 ~31.

[6] А. Коянович. Стратегическая оборона « Военная мысль », 1959, №12, стр. 30 ~39.

[7]Д. Кожевников. Влияние климатических условий на ведение современных военных действий. « Военная мысль », 1962, №05, стр. 22.

[8]К. Кущ-Жарко. О контрударах в современных операциях. « Военная мысль », 1962, №08, стр. 32.

[9]В. Турченко. Оборонительные действия в ходе наступательной операции. « Военная мысль », 1962, №09, стр. 40.

[10] И. Завьялов. О видах и формах военных действий. « Военная мысль », 1965, №01, стр. 15.

[11] И. Завьялов. Соревнование между наступательными и оборонительными средствами и его влияние на способы военных действий « Военная мысль », 1970, №07, стр. 21 ~29.

[12]Г. Ионин. К. Кущ-Жарке. Обороны в прошлом и настоящем « Военная мысль », 1971, №07, стр. 51 ~61.

[13]Р. Эрнст. Некоторые черты современной обороны « Военная

мысль », 1975, №02, стр. 79 ~ 83.

[14] В. В. Турченко. Тенденция развития теории и практики стратегической обороны. « Военная мысль », 1979, №08, стр. 13.

[15] И. Н. Воробьёв. Соотношение наступления и обороны. « Военная мысль », 1980, №06, стр. 18.

[16] М. М. Кирьян. Суровые уроки начала Великой Отечественной войны. « Военная мысль », 1981, №06, стр. 15.

[17] В. Турченко. О стратегической обороне. « Военная мысль », 1982, №07, стр. 16.

[18] И. Ф. Рачок. В. М. Толмачёв Основные тенденции развития оперативной обороны « Военная мысль », 1986, №02, стр. 17 ~ 26.

[19] Д. Т. Язов. К вопросу об устойчивости и активности обороны « Военная мысль », 1987, №02, стр. 23 ~ 35.

[20] В. Ф. Шульгин. Некоторые проблемы повышения устойчивости оперативной обороны « Военная мысль », 1987, №07, стр. 14 ~ 23.

[21] И. Д. Помбрик. О группировке и оперативном построении войск в оборонительной операции « Военная мысль », 1987, №10, стр. 26 ~ 35.

[22] В. Т. Куликов. О военно-стратегическом паритете и достаточности для обороны. « Военная мысль », 1988, №05, стр. 3.

[23] В. Н. Андриенко. От обороны к контрнаступлению (история и современность). « Военная мысль », 1988, №12, стр. 23.

[24] И. Н. Манжурин. Некоторые вопросы подготовки и нанесения контрударов в оборонительных операциях. « Военная мысль », 1989, №01, стр. 12.

[25] С. Л. Лущан. А. В. Злобин. Маневр в оборонительной операции. « Военная мысль », 1989, №01, стр. 18.

[26] Е. М. Антонов. Проблема повышения живучести войск ПВО в оборонительной операции. « Военная мысль », 1989,

№01， стр. 30.

[27] И. Н. Воробьёв. Тактическая оборона. «Военная мысль», 1989, №01, стр. 38.

[28] Т. М. Багавиев. О встречных сражениях в оборонительных операциях. «Военная мысль», 1989, №02, стр. 13.

[29] Н. Н. Лыскин. Контратака в оборонительном бою. «Военная мысль», 1989, №02, стр. 29.

[30] В. Ф. Андреев. Военно-стратегическом паритете — объективный фактор сдерживания агрессивных сил. «Военная мысль», 1989, №02, стр. 45.

[31] Р. М. Португальский. Об увеличении глубины и эффективности воздействия на противника в оборонительной операции（бою）. «Военная мысль», 1989, №04, стр. 23.

[32] А. Ф. Булатов. Особенности подготовки и ведения оборонительного боя в городе. «Военная мысль», 1989, №04, стр. 40.

[33] Н. Г. Попов. В. А. Марамзин Из опыта руководства войсками（силами）в оборонительных операциях Великой Отечественной войны. «Военная мысль», 1989, №05, стр. 38.

[34] С. А. Тюшкевич. Разумная достаточность для обороны: параметры и критерии. «Военная мысль», 1989, №05, стр. 53.

[35] В. И. Усачев. Некоторые вопросы ведения обороны в горах. «Военная мысль», 1989, №06, стр. 11.

[36] С. Л. Лущан. О внезапности в обороне «Военная мысль», 1990, №01, стр. 14～20.

[37] В. А. Сапожинский. К вопросу об оборонной достаточности. «Военная мысль», 1991, №10, стр. 37.

[38] В. Ф. Яшин. В. И. Кузнецов Армейские контрнаступательные операции. «Военная мысль», 1992, №01, стр. 26.

［39］ В. В. Крысанов. Особенности развития форм военных действий. «Военная мысль», 1992, №02, стр. 42.

［40］ С. Л, Печоров. Ненаступательная оборона: выход из тупика? «Военная мысль», 1992, №03, стр. 12 ~ 18.

［41］ А. Н. Черников. А. В. ЗлобинАктивность оперативной обороны: теория и практика «Военная мысль», 1992 №03, стр. 19 ~ 25.

［42］ В. В. Турчеко. О развитии теории стратегической оборонительной операции «Военная мысль», 1992, №04/5, стр. 2 ~ 8.

［43］ Г. Н. Царьков. О последующих оборонительных операциях. « Военная мысль», 1992, №11, стр. 30.

［44］ М. Ф. Сидоров. М. А. Лукьянов Возвращаясь к проблеме огневого поражение противника в первой фронтовой оборонительной операции. «Военная мысль», 1993, №09, стр. 25.

［45］ А. П. Бондаренко. Н. И. Тупко. С. И. Федорченко. Эволюция форм стратегических действий по борьбе с воздушно-космическим противником. «Военная мысль», 1994, №04, стр. 18.

［46］ А. В. Белоусов. Опыт Великой Отечественной Войны и проблемы обороны страны в современных условиях «Военная мысль», 2005, №05, стр. 2 ~ 8.

［47］ И. Н. Воробьёв. В. А. Киселев. Перспективность обороны « Военная мысль», 2006, №12, стр. 8 ~ 16.

［48］ И. П. Макар. От стратегии сокрушения к стратегии измора « Военно-исторический журнал», 1999, №6, стр. 5 ~ 15.

［49］ С. Федеряков. Стратегическая оборона и политические реалии «Международная жизнь», 1992, №2, стр. 27 ~ 34.

后　　记

这部拙作是在我的博士论文“俄罗斯战略防御思想：历史考察与思考”的基础上修改完成的。我的博士论文是在六年前提交答辩并顺利通过的，之后一直想对其进行修订和完善，但却没有勇气和毅力，因为撰写的过程过于艰辛，不想再让自己钻回历史的时空中去思考这个曾经让自己头疼不已的问题。逃避终究不是解决办法，何况它又凝聚了自己的辛劳和汗水，见证了自己的成长进步，见证了一个语言研究者向军事研究者的转变。于是，我终于鼓起勇气重新启程，这时才发现并没有想象中那样的煎熬，反而是收获了更深层的思索，有种柳暗花明的欣喜，这也许就是进步，这就是成长。

我要感谢我的两位导师吴国华将军和陈学惠将军，是他们把我带进了神圣而崇高的军事科学研究的殿堂。尽管他们都担负十分繁重的行政和科研工作，但他们从来没有放松对我的关心和培养，对我的学业倾注了大量的心血和辛劳。两位老师在学术领域中都造诣颇深，学风严谨，要求严格，我从他们那里学到的不仅仅是知识和方法，更重要的是勤奋严谨的治学态度、扎实稳健的学风和踏实做人的品格。

我攻读博士学位之前，大学和研究生阶段所受的教育都是语言学类的，从博士阶段开始转为外军研究，这种转型的过程极为艰辛，冷暖自知，但很庆幸的是，一路走来有许多人给予了我帮助，才不会让我感到那么孤单。我要特别感谢我的妻子朱宇博，她为我付出太多太多，谢谢她对我的理解和支持。结婚未满半个月，我便远赴千里之外的俄罗斯联邦国防部军事大学学习，一走就是大半年，留下她一个人度过洛阳的寒冬和凄冷的春节，直到如今我都没有把新婚蜜月给她补上，每每想到此处，我内心便十分愧疚。我要感谢我的生身父母、岳父岳母和我的妹妹，攻读博士学位期间，他们给予了我极大的鼓励和支持，还有耐心，他们是我的“强大的、稳固的后方”。

这里需要感谢的人还有太多，感谢军事科学院的姜春良研究员、陈舟研究员，国防大学的李大军教授，他们在论文开题、撰写和答辩过程中提出了许多宝贵的建议和意见；感谢王京武大校、王松亭大校、孙成岗大校、樊明明教授、崔卫教授、熊友奇教授，他们在我求学期间给了我莫大的支持和帮助；感谢军事科学院 2005 级全体博士同学，虽然只有短暂的一年相处时间，但我们却建立了深厚的友谊；感谢我的师姐李抒音、师兄陶祥军、师弟李赟和同学方明！感谢我所有的好朋友们和同学们！今后，我唯有以努力和勤奋的工作来报答他们对我的关心和帮助。

最后感谢我的母校——解放军外国语学院，愿母校的明天更加美好、灿烂！

牛立伟

2016 年 9 月于九朝古都洛阳谷水